SCORPIO

JOHANN NEPOMUK MAIER

im Gespräch mit Sam Hess

Geheimnis Wald!

Im Reich der Naturgeister

Mit dem Förster, Seher und Mystiker Sam Hess auf den Spuren der Feen, Elfen und Devas

SCORPIO

Der Umwelt zuliebe
- produzieren wir zu über 90 % in Deutschland
- achten wir auf kurze Transportwege
- drucken wir auf Papier aus verantwortungsvollen Quellen

3. Auflage 2024

Umschlaggestaltung. Guter Punkt, München
Fotos Innenteil: Johann Nepomuk Maier
Layout & Satz: Robert Gigler, München
Druck und Bindung: Print Consult GmbH, München
ISBN 978-3-95803-599-7

Scorpio-Newsletter: Mehr zu unseren Büchern
und Autoren kostenlos per E-Mail!
www.scorpio-verlag.de

Für Sylvia, Eyleen und Tizian

»Zu erfahren, dass im Moment die Ewigkeit liegt
und nichts mehr zählt als der Augenblick im Sein,
darin spiegelt sich mein Leben, lässt sich
die gesamte Weisheit des Universums erkennen.«

Inhalt

Vorwort

Immer wenn ich ein neues Projekt gestartet habe, standen am Anfang nur eine vage Idee und natürlich auch die Überlegung, ob das Vorhaben überhaupt umsetzbar ist. Was erwartet jemand, der sich mit dem Thema Natur auseinandersetzen will? Und wenn dann als Headline steht: »Im Reich der Naturgeister«, ist der Zugang zur Leserschaft schon recht weit eingegrenzt. Denn dies klingt nach Mystik und Esoterik und ist für sehr viele moderne Menschen wohl nichts Ernsthaftes, womit es sich auseinanderzusetzen lohnt.

Immer noch ist unsere Gesellschaft massiv von einem materialistischen Weltbild geprägt. Ich habe bisher nur wenige kennengelernt, welche die Mystik und das Geschehen hinter der Realität bereits in ihren Alltag integrieren.

Ich habe aber das Gefühl, es werden langsam mehr. Die wissenschaftlichen Antworten, die uns die moderne Gesellschaft auf globaler Ebene anbietet, sind teils ein großer Segen, doch teils auch eine echte Gefahr für unseren Lebensraum Erde geworden. Dieses Buch möchte einen Beitrag leisten, mit einer anderen, neuen Perspektive auf das Geschehen um uns zu blicken und Überlebensperspektiven aufzuzeigen.

Unsere gesamte Menschheitsgeschichte ist geprägt davon, dass es uns vermeintlich gelungen ist, der »unberechenbaren« Natur und deren Gewalten Herr zu werden, und unsere Technologie vermittelt den Eindruck, als hätten wir die Welt im Griff. Klar, wir erkennen, dass sich etwas Gewaltiges tut, von dem wir noch nicht erahnen können, wie es ausgehen wird. Die einen Forscher postulieren, der Klimawandel wird das Antlitz der Erde für immer verändern. Und wiederum andere zeigen auf, dass es in der Evolution des Planeten schon seit jeher Zeiten mit massiven klimatischen Aktivitäten, extrem schwankenden Hitze- oder Kälteperioden gegeben hat.

Ich denke, diejenigen Forscher haben recht, die von einer neuen geochronologischen Epoche sprechen, dem »Anthropozän« (Ánthropos bedeutet im Altgriechischen »Mensch« und kainós »neu«), also von dem Zeitalter, in dem zum ersten Mal der Mensch zu einem der wichtigsten Einflussfaktoren für den massiven Umbruch des Lebensraums Erde geworden ist. Folgen Sie mir, liebe Leserin und lieber Leser, auf eine spannende Reise in unbekannte Sphären. Sie erfahren in diesem Buch von Dingen jenseits des real Greifbaren, die Ihre Weltsicht verändern werden.

Prolog

Als ich Sam Hess zum ersten Mal sah, spürte ich sofort, da ist mehr. Ein Mensch mit einer ganz besonderen Aura. Ich recherchierte im Internet – ganz am Anfang meines Weges in die Sphären jenseits des Greifbaren – und stieß auf YouTube auf ein Interview mit ihm, in dem er, noch ohne langen Bart und einige Jahre jünger, über das Thema Leben nach dem Tod sprach. Wie er mit gottgegebener Gelassenheit und Zuversicht über Erkenntnisse und Erlebnisse aus seinem Leben erzählte, faszinierte mich.
Ich dachte mir: Den musst du persönlich kennenlernen, und suchte nach seiner Webadresse. Aufmerksam klickte ich mich durch den sehr sachlichen Online-Auftritt und schrieb ihm anschließend eine E-Mail. Waldseminare, Kurse in Zahlendeutung und Räuchern von Häusern etc. – das alles war für mich zu dieser Zeit völliges Neuland. Klar kannte ich einige dieser Begriffe oder hatte schon mal vage davon gehört, aber ich glaubte, wie die meisten rational denkenden Menschen wohl auch, das sei alles irgendwie Esoterik und Unfug, wohl Geldmacherei, die bei gutgläubigen Leuten funktioniert. Auf der anderen Seite hatte ich aber bereits eigene paranormale Erfahrungen gemacht, die mir niemand logisch erklären konnte. Deshalb war ich überhaupt erst auf die Suche gegangen, um Forscher, Experten und Sensitive

zu treffen, die mir das Erlebte erklären konnten.
Sam Hess ist von Beruf Förster und in der Schweiz zu Hause. Nach einer Woche dachte ich mir, dass er meine Interview-Anfrage wohl nicht ernst nimmt oder er meine Mail nicht gelesen hat. Deshalb versuchte ich es erneut, dieses Mal per Telefon. Seine Nummer war auf der Homepage angegeben. Leider war nur der Anrufbeantworter dran, und so sprach ich ihm mein Anliegen auf Band. Und diesmal hatte ich Erfolg. Ein paar Tage später rief er mich im Büro zurück. Und so schilderte ich ihm erneut meinen Wunsch, ihn zu interviewen, und mein ehrliches Interesse an seinem Wissen und seiner mystischen Arbeit. Während des Telefonats dachte ich mir, ich rede und rede, und auf der anderen Seite ist es völlig still. Gut, meine Redegeschwindigkeit und meinen Wortausstoß zu stoppen ist zugegebenermaßen nicht ganz einfach, aber Sam ist tatsächlich ein sehr guter Zuhörer, und seine Antworten waren kurz, knapp und präzise.
Als ich alle meine Wünsche los war, vereinbarten wir einen Termin, relativ zeitnah in Luzern. Ich sollte zu ihm in seine Praxis kommen – wie er sein Büro nennt.
Nach gut fünf Stunden Autofahrt waren mein Kameramann und ich am Zielort angekommen. Ein hochgewachsener Mann mit rund 190 cm Körpergröße öffnete uns die Tür und sagte: »Da seid ihr ja. Kommt doch rein.« Mit seinen roten Haaren und seinem langen Zauselbart wirkte er auf mich im ersten Augenblick wie Gandalf, der Zauberer aus dem Film »Herr der Ringe«. Seine Begrüßung war herzlich, in seinem Schweizerdeutsch, und er wirkte in sich ruhend und gelöst.
Zunächst sahen wir uns nach einem geeigneten Drehplatz um. Er führte uns durch seine Räume, und im Nebenzimmer wurden wir schließlich fündig. Für seine »geistigen« Seelenbehandlungen und spirituellen Beratungen hat er dort eine große Pyramide stehen, unter

der seine Klienten bequem Platz nehmen können. Wir entschlossen uns jedoch, das Interview mit ihm vis-à-vis zu drehen, und Sam nahm auf einem gemütlichen Sofa Platz. Auf der Rückwand, im Regal, standen einige Kräuterfläschchen und kleinere Figürchen. Es duftete angenehm nach Kräutern und Ölen. Unser Gespräch war großartig. Wobei ich diesmal nicht viel sagte und gerne zuhörte. Meine Fragen hatte ich vorbereitet und las diese von meinem Blatt ab. Am Schluss wusste ich, dass dieses Interview zahlreichen Menschen eine neue Sicht auf die Realität, auf das, was wir sind, woher wir kommen und wohin wir gehen, geben wird. Es wird vielen Menschen helfen, ihre ungewöhnlichen Erlebnisse neu zu ordnen und ihr derzeitiges, von klein auf gelerntes materialistisches Weltbild zu überdenken.

Sam erzählte mir, wie er seine Gabe, Verstorbene zu sehen, zum ersten Mal erlebt hatte. Er hatte vor dem offenen Sarg seines verstorbenen Großvaters gestanden, als er diesen plötzlich putzmunter, seine Pfeile rauchend, auf der Ofenbank hatte sitzen und ihm zuwinken sehen.

Zu dieser Zeit, in den 1950er-Jahren, war es vielerorts – auch in Bayern – noch Brauch gewesen, dass verstorbene Angehörige einen Tag lang in der Stube offen aufgebahrt wurden, um den Angehörigen, Bekannten und Nachbarn die Möglichkeit zu geben, Abschied zu nehmen und nach christlichem Glauben gemeinsam den Rosenkranz zu beten.

Er schilderte sehr faszinierend, wie sein weiteres Leben verlief. Wie für seine Familie diese paranormalen Dinge, die es in unserer modernen westlichen Zivilisation eigentlich nicht mehr offiziell gibt, ganz normal waren.

Er erzählte mir von seinem Onkel, bei dem er als Kind seine Sommerferien auf der Alm verbracht hatte und dort tief in die Sphären der Natur und deren Geister hatte eintauchen können.

Wir waren uns sofort sympathisch, und es war uns beiden auch gleich klar, dass wir in Kontakt bleiben

würden, um uns weiter auszutauschen. Warum ich mich Sam Hess sofort verbunden fühlte? Auch ich bin in einem »Sacherl« aufgewachsen, wie ein kleiner Landwirtschaftsbetrieb bei uns in Niederbayern heißt, in Kühstein, in den 1960er-Jahren. Wir haben ein paar Kühe, Hühner, Schweine und natürlich einen Hund besessen, der immer auf mich aufgepasst hat, wenn meine Mutter mit den anderen Frauen bei der Zuckerrübenernte für eine größere Grafschaft arbeitete, um die Familienkasse aufzubessern. Jahre später begleitete er mich nach der Schule zum Kühehüten auf die nahe gelegene Weide.

Das Hüten der Kühe war kein ruhiger Job, bei dem man einfach im Gras lag und das sonnige Wetter genießen konnte. Wir waren die Einzigen im Dorf, die ihre Kühe in den Sommermonaten täglich auf die Weide brachten, und die Viecher fraßen gerne das Gras, das eben nicht innerhalb der eingezäunten Wiese lag. Wie bei uns Menschen gab es auch bei den Kühen einen Anführer oder besser gesagt eine Anführerin, die das Sagen hat beziehungsweise den anderen zeigt, wo es langgeht. Für diese Kuh war

der Elektrozaun kein ernst zu nehmendes Hindernis. Und so durchbrach sie ihn regelmäßig, woraufhin ihr alle anderen Kühe ins »gelobte Grasland« folgten. Blitzschnell verstreuten sich alle über die angrenzenden Wiesen und Felder, wenn ich nicht rechtzeitig eingriff. Oft war ich einfach nicht schnell genug, und so musste ich Hilfe holen und ihnen kilometerweit hinterherrennen, um sie wieder einzufangen. Die neu gebaute, nahe gelegene Bundesstraße stellte einen zusätzlichen Stressfaktor dar, denn die Situation war für die Kühe wie für die Autofahrer gleichermaßen gefährlich.

Für mich und meinen vier Jahre jüngeren Bruder war es damals eine Selbstverständlichkeit, dass von frühmorgens bis spät in die Nacht hinein die Arbeit auf dem Hof nie ausging. Die Versorgung der Tiere mit allem, was notwendig war, hatte oberste Priorität und wurde zum großen Teil noch von Hand erledigt. Meine Familie war finanziell nicht so gut gestellt, dass sie sich einen Traktor oder Erntemaschinen etc. hätte leisten können. Erst ein paar Jahre später wurden nach und nach diese arbeitserleichternden Maschinen und Gerätschaften angeschafft. Das ganze Einkommen, das mein

Vater als Pflasterer in Akkordarbeit verdiente, wurde in dieses Sacherl investiert. Die ganze Woche über bewirtschafte meine Mutter mit den Großeltern allein den Hof. Besonders gern erinnere ich mich daran, wie ich immer auf unserem Ochsen saß, wenn er einen Karren mit Heu zu uns in den Hof zog, während mein Großvater neben uns herlief und den Ochsen mit einem Stock die Richtung wies.
Ich konnte Sam also aus eigener Erfahrung sehr gut nachfühlen, wie es ist, in dieser unberührten Natur groß zu werden. Das Zusammenleben mit den Tieren und den einfach gestrickten Menschen in einem Dorf bleibt einem so trotz aller Entbehrungen, die damals gang und gäbe waren, als ganz besonderer Lebensabschnitt in Erinnerung. Von Entbehrungen zu sprechen wäre für meine Kindheit allerdings der falsche Ausdruck. Gut, wir hatten nicht jeden Tag Fleisch auf dem Teller, auch Backwaren wie Brötchen oder Brezen gab es nie, immer nur Brot. Aber dafür gab es die guten Früchte aus dem eigenen Garten.
Den ganzen Tag waren wir in der Natur unterwegs, denn moderne elektronische Geräte wie Plattenspieler oder Fernseher waren damals in unserer Region Mangelware. Ich jedenfalls kannte niemanden im Dorf, der so etwas besaß. Erst als ich zehn Jahre alt war, leistete sich meine Familie den ersten Schwarz-Weiß-Fernseher.
Im Grunde genommen hat es uns an nichts gefehlt, ganz im Gegenteil. Die Freiheiten, die wir als Kinder zwischen den Arbeiten und der Schule hatten, waren enorm.
Die Natur zu entdecken im nahe gelegenen Wald, in den zerfallenen Burgruinen oder in den Auenwäldern des nahe gelegenen Inns war einfach herrlich. Anders sah es mit der Bildung aus. Mein Großvater, ein sehr kluger Kopf, der an beiden Weltkriegen teilgenommen hatte, war von Kind auf an Wissenschaft interessiert, doch studieren durfte er nicht, da die Bewirtschaftung des heimischen Hofes oberste

Priorität besaß. Gerade auf dem Land studierte um die Jahrhundertwende kaum jemand.
Die Generation meiner Großeltern, die zwischen den Kriegen alles verloren hatte, der die Inflation der 1920er-Jahre noch so präsent war, als wäre sie erst gestern gewesen, kannte nur harte, entbehrungsreiche Arbeit.
Und schmerzhafte Verluste. Mein Großvater väterlicherseits hatte zwei seiner Söhne durch den Krieg verloren, die beiden Brüder meines Vaters. Opa Isidor erzählte mir nicht nur als Kind fast tagtäglich Geschichten über die schrecklichen Kriege, die Besessenheit vieler Menschen von Hitler und die Freundschaft zwischen Kameraden, sondern brachte mir auch seine Sicht auf die Evolution des Lebens, die vielen kulturellen Gebräuche unserer Region und die heimische Natur nahe. Ganz besonders interessierten mich seine Erzählungen von paranormalen Erlebnissen. Ich war fasziniert davon, dass sich im ausgehenden 20. Jahrhundert interessierte Dorfbewohner trafen, um in dunklen Räumen Séancen oder »Tischerl-Rücken«, wie man bei uns sagt, abzuhalten, bei denen sich nicht selten der verwendete Tisch von ganz alleine in die Luft hob, um wieder auf den Boden zu krachen und sich manchmal auch erneut bis zur Decke zu heben.
Auch die Spukgeschichten unseres Pfarrers, der im Religionsunterricht von den wandernden Seelen in seinem Elternhaus erzählte, faszinierten mich. So hörten er und seine Familie damals regelmäßig lautstarke Schritte auf ihrer Holztreppe. Er versicherte uns, dass es sich dabei nicht um kindliche Einbildung gehandelt habe, sondern dass er dieses Phänomen zusammen mit seinen Eltern und Großeltern erlebt habe. Sobald die Familie nachts die knarrenden Schritte hörte, sei man aufgestanden, um nachzusehen, wer da um 2.00 Uhr die Holztreppe hinaufging. Doch nie sei jemand zu sehen gewesen, und auch das Geräusch sei sofort verstummt,

bis die Tür zum Treppenhaus wieder geschlossen wurde, da hätte es von Neuem begonnen.
Immer wieder erzählten mir Menschen von unerklärlichen Phänomenen, und jeder Einzelne schwor mir, dass seine Geschichte wahr sei. Dabei war die vom verstorbenen Vater, der zwei Tage nach seiner Beerdigung wieder vor der Haustür stand und die versammelte Familie insgesamt dreimal für mehrere Stunden besuchte, wohl die »unmöglichste« von allen.
Ich selbst sah während einer Séance mit eigenen Augen, wie ein kleines rundes Holztischlein, dessen eines Bein aus einem Bleistift bestand, wie von Geisterhand geführt über einen Esstisch raste, um in altdeutscher Schrift Antworten auf allerlei Fragen zu kritzeln, die von den Teilnehmern dieser Sitzung gestellt wurden.
All diese Geschichten und die eigenen Erfahrungen fielen mir blitzartig während des Interviews mit Sam Hess wieder ein. Lange Zeit – über Jahrzehnte hinweg – hatte ich diese Dinge aus dem Gedächtnis verdrängt und als nicht recht ernst zu nehmende Geschichten und Erlebnisse irgendwo abgelegt. Mein modernes Weltbild und mein Interesse an allen möglichen wissenschaftlichen Themen ließen mich glauben, dass so etwas nur Trickserei und optische Täuschung sein könnte. Ich traute also meinen eigenen Erinnerungen nicht.
Physik und Psychologie hatten für mich bis dahin glaubhafte und gut nachvollziehbare Erklärungen für diese paranormalen Storys gefunden. Ich bin mir sicher, dass die Mehrzahl der Bevölkerung es genauso sieht. Wir bilden uns schließlich jede Menge ein, und viele von uns haben eine enorm blühende Fantasie. Die Forschung hat außerdem alles aus der Ecke der Mystik und des Aberglaubens ans Licht geholt. Wir brauchen keine »übersinnlichen« Geschehnisse, um die Welt oder das Universum zu erklären. Vermutlich werden mir hier viele zustimmen.

Nun, mittlerweile weiß ich, dass das so nicht stimmt!
Für Menschen, die von so etwas »Unmöglichem« berichten – falls sie sich das überhaupt trauen –, hält die Psychologie schon plausible Erklärungen bereit: Botenstoffe im Gehirn, Kindheitstraumata oder der Konsum von Drogen etc. werden für diese »Einbildungen« verantwortlich gemacht.
Und falls nötig, wandern diese »Verrückten« in die geschlossene Abteilung einer Nervenklinik und werden mit Psychopharmaka ruhiggestellt. Nicht, dass Sie mich hier falsch verstehen, ich möchte nicht behaupten, dass es nicht auch psychische Erkrankungen gibt, bei denen diese Behandlungsmethoden notwendig sind. Aber ich traf viele Geistheiler und Sensitive wie zum Beispiel Anton Styger, ebenfalls in der Schweiz zu Hause, der mir versicherte, dass ihm bei seinen spirituellen Ablösearbeiten von Anhaftungen, Besetzungen und was es noch so alles »gibt«, niemals ein tatsächlich geistig Kranker begegnet sei. In seinen Büchern hat er Hunderte von solchen Heilungen beschrieben. Bei diesen Sitzungen waren auch Fachkräfte anwesend und haben zugesehen, wie Klienten, die gerade eben noch in die Psychiatrie eingewiesen werden sollten, dank Stygers Behandlung innerhalb weniger Minuten wieder geistig völlig gesundet sind. Tagtäglich erhalte ich E-Mails und Nachrichten von Personen, die mir von Stimmen und Begegnungen mit unsichtbaren Wesenheiten berichten. Ich möchte behaupten, dass mir keiner von ihnen den Eindruck erweckte, er sei »irre«, nur weil seine Erlebnisse nicht in unser Weltbild passen.
Der »Wissenschaftswahn«, wie es Dr. Rupert Sheldrake nennt, hat dafür gesorgt, dass viele Anomalien als Unfug abgetan werden, obwohl zahlreiche wissenschaftlich dokumentiert und in den entsprechenden Fachzeitschriften veröffentlicht wurden. Es gibt diese Phänomene also.
Allein in Deutschland werden der parapsychologischen Beratungs-

stelle in Freiburg im Breisgau jährlich ca. 3000 Fälle gemeldet. Mit dem dortigen Leiter, Dr. Dr. Walter von Lucadou, habe ich viele Gespräche geführt. Er berichtete mir, dass er alle drei bis vier Monate einen schweren Fall von Spuk zu bearbeiten hat. Diese Phänomene gelangten jedoch in der Regel nicht an die Öffentlichkeit, da dies für die Betroffenen enormen psychischen Druck bedeuten würde. Niemand kann seinem Nachbarn erklären, dass sich das eigene Wohnzimmer selbst zerstört hat, Fenster und Türen zu Bruch gingen, in der kurzen Zeit, in der er sich einen Kaffee aus der Küche holte.
Aber schon Galilei musste zu Lebzeiten erfahren, wie es ist, wenn die Augen vor der Wahrheit verschlossen werden. Als er mithilfe seines neu konstruierten Teleskops die Krater auf dem Mond entdeckt hatte, weigerten sich seine wissenschaftlichen und kirchlichen Forscherkollegen, das Gerät anzufassen, geschweige denn hindurchzusehen. Und was war ihre Begründung? Sie wüssten schließlich ganz genau, dass es auf dem Mond keine Krater gäbe!
Dieses Denken hat sich bis heute nicht verändert. Immer wieder wird den Forschern verdeutlicht, dass die Erkenntnisse über die Welt nur eine Zeit lang Bestand haben und oftmals Phänomene, die an den Rändern der Experimente in Erscheinung treten, einen ganz neuen Kosmos der Erkenntnisse öffnen – Dinge, die noch vor Kurzem der Esoterik oder dem Aberglauben zugeschrieben wurden. Und dennoch ist es an Arroganz kaum zu überbieten, wenn Experten sich abwertend über bestimmte Phänomene äußern, ohne sich mit dem betreffenden Themenfeld ernsthaft auseinandergesetzt zu haben. Auch Albert Einstein hatte hier viele Erfahrungen machen müssen.
Noch heute lernen wir in der Schule das Niels-Bohr-Atommodell, obwohl wir seit rund 100 Jahren wissen – um genau zu sein seit der Kopenhagener Deutung von 1927 –, dass Materie

nicht auf Materie aufgebaut ist und es im Grunde nur Verbundenheit und Wirkung gibt.

»Die Frage, was ist, darf nicht mehr gestellt werden, die Frage, was passiert, geht noch (…)«

Prof. Dr. Hans-Peter Dürr,
Quantenphysiker

Hans-Peter Dürr hat nie verstanden, weshalb seine Kollegen immer noch von Elementarteilchen sprechen, obwohl alle Physiker wissen, dass es diese nicht gibt. So sagt er auch:

»Wenn wir den Aufbau der Welt mit dem Computer vergleichen, haben wir festgestellt, dass am Ende nur die Software übrig bleibt und nicht die Hardware (…), man kann es auch Geist nennen (…)«

Ich möchte hier keine wissenschaftliche Abhandlung über Quantenphysik schreiben, aber ich kann mir gut vorstellen, dass diese beiden Zitate von Hans-Peter Dürr, der 2015 verstorben ist, vielen unbekannt sind. Seine Erläuterungen waren auch für mich der Zugang zu dem, was Sam eine »beseelte Natur« nennt.
Denn wenn alles nur Bewusstsein ist – was auch immer das sein mag (manche Forscher sprechen von der Kraft, die wirkt, von der Intelligenz, die Lebendigkeit ist und erschafft, von der Quelle …), bin ich davon überzeugt, dass die Realität, also das Dingliche, nicht so existiert, wie wir es bisher in der Schule, im Studium oder wo auch immer gelernt haben.
Letztendlich erschafft unser Körper über die Sinne und Emotionen, indem er einen Teil von Informationen aus dem Quantenraum, aus dem Meer aller Möglichkeiten oder aus dem »Nichts« entnimmt, eine Realität, die so aussieht und wirkt, als wäre die Welt auch vorhanden, wenn wir nicht hinsehen.
Und ich möchte noch ein Zitat von Hans-Peter Dürr aufgreifen, der sagte, dass es nichts Ontisches in der Welt gibt, sondern nur perma-

nente Wirkung von einem »Gesamten«, das vor kreativer Lebendigkeit nur so strotzt. Wir alle sind ein Ausdruck dieses lebendigen »Geistes«.
Und wer möchte uns an dieser Stelle sagen: Bewusstsein wird im Gehirn erzeugt oder andere »unsichtbare« Intelligenzen, die ohne Körper auskommen, gibt es nicht? In rund 100 Jahren werden alle diese Fakten, dass wir in einem holistischen Universum, nein, einem Multiversum leben, in dem es kein Vergehen gibt, hoffentlich Standardwissen sein. Aktuell sind diese Infos und Forschungsarbeiten jedoch kaum zu glauben, und wir sträuben uns wieder, durch das »Teleskop« zu blicken.
Ich bin überzeugt, liebe Leserin und lieber Leser, Sie haben den Mut, das Unbekannte zuzulassen, ohne Furcht und ohne Vorurteile. Klar ertappen wir uns immer wieder mal dabei, in die alten Denkmuster und Glaubenssätze zurückzufallen – aber lassen Sie sich kein X für ein U vormachen, spüren Sie hinein in diese Weisheiten, und nehmen Sie Ihre Intuition ernster als Ihren Verstand. Denn im Vergleich zum enormen Wissen der Intuition ist unser Verstand nur ein begrenztes Instrument in den unendlichen Erfahrungswelten des Seins.
Wie schon Dr. Joe Dispenza in seinem Buch *Werde übernatürlich* geschrieben hat: Durch Meditation haben wir die Möglichkeit, in die Unendlichkeit einzutauchen, und wir werden zum Nichts und zu allem. Die Begrenztheit des irdischen Seins hört auf, und wir erhalten die Möglichkeit, uns in die Unendlichkeit auszudehnen. In uns selbst liegt die Quelle des Wirkens, und der Blick nach außen ist nur eine einzige Möglichkeit von unzähligen Realitätsmöglichkeiten.
Immer mehr erinnern wir uns an die alten Weisheiten vieler spiritueller Völker. Vor allem im frühen Indien gab es Menschen, die durch Meditation Einsichten erlangten, die heute durch die moderne Physik auf andere Art und Weise ans Tageslicht gebracht werden.

Sosehr die Wissenschaft sich in den letzten 200 Jahren auch Mühe gegeben hat zu beweisen, dass nichts »Übernatürliches« benötigt wird, um die Welt zu erklären und alles Geschehen auf Ursache und Wirkung zurückzuführen ist – so wissen wir nun seit der Quantenphysik doch, dass es im Grunde nur mehr Wirkung gibt ohne Ursache, Verbindung, ohne dass etwas verbunden ist, und dass alles, was ist, sich in jedem Augenblick neu erschafft, und alles an diesem Akt der Schöpfung teilnimmt.
Raum und Zeit sind nur Konstrukte unseres Körpers, und kein Lebewesen sieht die Welt so wie ein anderes. Sicherlich gibt es Schnittmengen in der Realitätsgestaltung, aber die Vielfalt des Seins, das sich ohne Unterlass permanent neu erfindet, macht deutlich, dass nicht der Darwinismus recht behält, also der Stärkere am Schluss überlebt und einsam und verlassen auf das zurückblickt, was verschwunden ist, sondern dass diese unendliche Vielfalt der Entitäten des Seins zusammen mehr ist als das Einzelne. Dieses Zusammenspiel der Wellen auf einem Meer des Lebens kennt in Wahrheit keine Grenzen der Möglichkeiten und Erfahrungswelten.
Und so kam Prof. Dr. Ernst Senkowski (1922–2015) nach fast 50 Jahren Auswertung der Experimente der instrumentellen Transkommunikationsforschung zu folgendem Ergebnis:

»Eines wird mit jeder weiteren Kommunikation, die uns aus unbekannten Welten erreicht, deutlicher: Es gibt jenseits der uns bestimmenden Alltagsrealität eine – möglicherweise unendliche – Fülle anderer Realitätsebenen und Seinsformen, die in sich ebenso konsistent sind und denen wir ihre eigene Form der Existenz und der geistigen Ausdrucksmöglichkeiten zugestehen müssen.
Unser Geist formt sich seine Wirklichkeit entsprechend den Bedürfnissen der jeweiligen Existenzebene und erzeugt und festigt auf diese Weise eine Realität, die letztlich nur aus der

Bestätigung der eigenen Erwartungen besteht. In jedem von uns steckt somit ein Teil der Schöpfungskraft, die wir gewöhnlich dem göttlichen Aspekt unseres Daseins zuschreiben.«

Ich möchte noch einen Satz von Harvard-Professor John Mack hinzufügen:

»In unserer Kultur bestimmt eine kleine Gruppe von Wissenschaftlern, Religions- und Wirtschaftsführern, was wir als Realität ansehen müssen.«

Mack meinte, wir sollten akzeptieren, dass wir in einem Muli-Realitäts-Universum leben und dieses mit vielen anderen höher entwickelten Intelligenzen teilen.

Max Planck, einer der Begründer der Quantentheorie, sagte einmal:

»Irrlehren der Wissenschaft brauchen 50 Jahre, bis sie durch neue Erkenntnisse abgelöst werden, weil nicht nur die alten Professoren, sondern auch deren Schüler aussterben müssen.«

Wir denken in vorgegebenen Bahnen, die von Menschen vor uns gezogen wurden, die in unserer Kultur und Tradition verankert sind und durch Erziehung, Kindergarten, Schule, Universität und Medien weitergegeben werden. Nicht jeder will selbst eine neue Spur ziehen, denn das ist mühsam, ja anstrengend, kräftezehrend und oftmals gesellschaftlich isolierend.
Aber Gott sei Dank werden immer wieder Menschen geboren, die mutiger sind, die ihrem eigenen inneren Antrieb folgen, nicht der Herde. Menschen, die aus der vorgegebenen Spur springen, die eben »neben der Spur« sind.
Diese Denker und Künstler zeigen uns, dass auch wir die eingefahrenen Denkmuster verlassen können, dass es auch andere, unbekannte Wahrheiten gibt. Und wir entdecken und erkennen etwas völlig Neues, wenn wir bereit sind, ihnen zu folgen.
Jede Epoche der Menschheit hatte ein offizielles Weltbild, das in den Schulen gelehrt wurde. Unser derzeitiges besagt, dass alles auf Materie aufgebaut ist, und was wir nicht wiegen und messen können oder was nicht elektromagnetisch wechselwirkt, existiert nicht, ist irrelevant.
Ein Forscher sagte einmal zu mir: »Wissen Sie, Herr Maier, wir haben unsere sechs Sinne, und der siebte Sinn ist der Unsinn.«
Dabei sieht niemand Radio- oder Fernsehwellen, kann niemand Röntgenstrahlung wahrnehmen, und doch existieren sie. Es gibt Menschen, wie der berühmte Maler Kandinsky, der Töne sehen konnte und aus dieser Sicht seine Bilder malte, Menschen, die kugelförmig oder quadratisch schmecken können, die ihre Umwelt in Zahlenbildern wahrnehmen usw. – es gibt unzählige Personen mit »Sonderfähigkeiten«, wie mein Freund, der Psychologe Ulrich Kramer, immer sagt, über die wir nur staunen können.
Nein, wir können nicht einmal nachvollziehen, wie es ist, Töne oder Engelenergien zu sehen. Wie erklärt man jemandem den Ge-

schmack eines Apfels, der noch nie einen gegessen hat, oder einem Blinden Farben oder jemandem die Art, wie Fledermäuse mithilfe von Ultraschall die Umgebung wahrnehmen? Wir sollten nicht vergessen, diese Realität ist ein Körperkonstrukt: andere Körper – andere Realitäten. Viele dieser paranormalen Erfahrungen oder Aussagen werden als Esoterik bezeichnet – im Sinne von »nicht wirklich real« und irgendwie »unseriös«. Dabei stammt der Begriff Esoterik aus dem Griechischen »esōterikós« und bedeutet »innerlich«, dem inneren Bereich zugehörig. Also ist somit jeder Katholik, jeder Protestant, jeder, der Yoga betreibt oder gerne meditiert, ein Esoteriker.
Die Physik und Neurologie sind in Aufruhr, viele alte Glaubenssätze brechen auf. Ein neues Denken formt sich aus, die Sprache verändert sich – auch aufgrund der nicht mehr wegzudiskutierenden Forschungsergebnisse, gerade was die Einflussnahme von Geist auf Materie betrifft.

Das neue Buch von Dr. Dean Radin, den ich 2018 bei einem Besuch in Deutschland traf, zeigt, wie lange sich die Wissenschaft schon davor drückt, diese eindeutigen Fakten zuzulassen. Diejenigen, welche die Daten nicht kennen, leugnen die Ergebnisse. Aber das Interesse wächst für diese »real magic«.
Ich verstehe die Hardliner nur zu gut. Das aufzugeben, wovon man sein Leben lang überzeugt war, und plötzlich zugeben zu müssen, dass es so nie gestimmt hat, ist gerade für einen renommierten Forscher eine kaum überwindbare Hürde. Die Mehrzahl der Mediziner, Neurologen und Hirnforscher hält immer noch daran fest, dass unser Bewusstsein ein Produkt unseres Gehirns sei, obwohl dieses Dogma nach der aktuellen Faktenlage nicht mehr aufrechtzuerhalten ist.
Vor Kurzem sagte der Nobelpreisträger für Physik von 1998, Robert B. Laughlin, Folgendes:

»Man kann auf der ganzen Welt an keiner Universität Physik studieren,

denn alles, was dort unterrichtet wird, ist zur einen Hälfte widerlegt und zur anderen Hälfte irrelevant. Die relevante Physik findet nur hinter den verschlossenen Türen der Labors der Rüstung und der Industrie statt. Die Forscher, die dort arbeiten, verwenden Naturgesetze, die den Universitätsprofessoren nicht bekannt sind.«

Langsam beginnen wir, die Natur nicht als unseren Feind zu betrachten, sondern als den Lebensraum, den wir zum Überleben brauchen. Ohne die Natur geht es nun mal nicht, und die Eingriffe, die wir vor allem seit der Industrialisierung weltweit an den Böden, an der Atmosphäre und vor allem an den Regenwäldern vornehmen, zeigen nur, dass wir wohl den Bogen beim Motto »Macht euch die Erde untertan«, bei Weitem überspannt haben.

Klimaschutzabkommen oder Energiewende machen sich gut im Wahlkampf, aber die Umsetzung sieht hinterher leider ganz anders aus.

Wenn große Demokratien wie die USA unter Donald Trump es fertigbringen, aus beschlossenen Klimaabkommen auszusteigen und ohne weltweite Ächtung davonzukommen, zeigt uns das, dass das alte überhebliche Denken, von wegen wir seien die Größten und unsere Technik könne mehr als die Natur, immer noch in den Köpfen vieler führender Berater und Geldverwalter zementiert ist.

Was haben wir auf dem Weg in unsere Zivilisation verloren, was müssen wir wiederfinden, damit unsere Kindeskinder, auch noch eine intakte Natur, einen Wald, Flora und Fauna vorfinden, ohne auf eine 3-D-Simulation ihres Smartphones angewiesen zu sein? Einen Wald mit allen Sinnen zu erleben, nein, mehr noch, ihn mit neuen Sinnen und Eindrücken zu erfahren, wie es so noch nie möglich war, dafür steht Sam Hess. Ich habe mich viel mit ihm unterhalten, mit ihm diskutiert und philosophiert. Und ich möchte Ihnen diese Gespräche über Gott und die Welt,

aber vor allem über die Natur und deren Geister nicht vorenthalten. Diese Gespräche wurden aufgezeichnet und für das Buch später geringfügig redigiert, um einerseits die Authentizität von Sam Hess und seinem typischen Duktus nicht zu verfälschen, andererseits aber auch den Lesefluss nicht zu stören.
Hoffentlich kann ich Ihnen mit diesen Gesprächen einen Eindruck vermitteln, wie wir die Natur hinter dem sichtbaren Bereich für unser Leben und Überleben wieder erfahren können.
Sam und ich drehten auch eine umfassende Dokumentation über das Thema Wald, Mystik und Naturwesen, sowohl bei ihm in der Schweiz als auch bei uns in den Wäldern. Ich hatte den Wunsch, mehr von seinem ursprünglichen Wissen um diese anderen Existenzebenen, von seinem Leben für die und mit der Natur einem größeren Publikum zugänglich zu machen, bevor dieses Wissen für immer verloren ist.
Und wenn Sie das eine oder andere Mal sagen: »Das kann doch gar nicht sein!«, halten Sie dieses Ausschlusskriterium bitte bis zum Ende des Buches zurück. Ich verspreche Ihnen, wenn Sie das ausprobieren, was Sam aufzeigt, wird Ihre Welt nicht mehr dieselbe sein.

Gespräche mit dem Mystiker
Sam Hess

Wir brauchen die Natur zum Überleben – sie kommt gut ohne uns aus

Nachdem ich ein paarmal mit Sam Hess telefoniert hatte, besuchte er mich in meiner niederbayerischen Heimat. Wir machten lange Wanderungen, und ich war froh, ihm die Orte, wo ich Kraft schöpfe, zeigen zu können.

Sam, was ist deine Motivation, an diesem Buch zum Thema »Geheimnis Wald« mitzuwirken?

Für mich ist wichtig, dass die Menschen wieder zur Natur zurückfinden, zu ihren eigenen Wurzeln. Und dass sie merken, dass die ganze Technik sie nur krank macht und sie vom Weg abbringt.

Was wäre die Botschaft, die du im Buch vermitteln möchtest?

Dass man nur glücklich leben kann, wenn man ganz präsent und bei sich ist. Das bringt einem die innere Zufriedenheit zurück, nach der der Mensch ständig sucht. Er sucht sein Glück und hat es eigentlich in seinem Rucksack drin.

Was bringt dich denn zur inneren Ruhe und zum Glücklichsein?

Bewusst leben. Im Moment leben. Der wunderschöne Wind grad, den habe ich jetzt sehr genossen. Das sind so Momente, die sehr, sehr erfüllend sind. Oder unter einem Baum zu stehen und diese Kraft zu genießen. Man kann jeden Moment irgendetwas erleben.

Du würdest also sagen, dass du ein erfülltes Leben lebst und deine Wünsche umgesetzt hast?

Ja. Ich lebe heute das, was ich will. Natürlich gibt es auch Dinge, die man sich selbst auferlegt, zum Beispiel, Termine einzuhalten. Aber wenn man das Ganze selbst steuert, sagt dir ja niemand: Du musst.

Möchtest du noch etwas Bestimmtes erreichen im Leben? Gibt es irgendwelche bestimmten Ziele?

Nein, ich bin zufrieden mit dem, was ich erreicht habe. Das Ziel ist eigentlich das, was ich jetzt tue.

Vielleicht zwei Botschaften vorweg, die dir besonders wichtig sind, wo du sagst: »Das möchte ich den Menschen unbedingt mit auf den Weg geben«, vielleicht auch denen, die sich noch nie groß mit der Natur beschäftigt haben?

Wichtig ist mir, dass die Menschen nicht gegen das eigene System arbeiten. Denn dann ist man nicht frei und macht eigentlich immer etwas, was man gar nicht will. Der Körper befindet sich dann ständig in einem Feld, wo Druck herrscht, und reagiert irgendwann negativ und wird krank. Und jetzt geht man ungerechterweise auf den Körper los, anstatt endlich mal im eigenen Feld aufzuräumen. Das heißt, man müsste sein geistiges Feld wieder so hinbringen, dass man jeden Tag wieder glücklich ist.

Was war denn für dich eine der wichtigsten Botschaften, die du von einem dieser Felder oder Entitäten bekommen hast?

Dass wir uns viel zu stark mit dem Körper identifizieren. Wenn du in der Ganzheit denkst, bist du ja ein freies Wesen. Diese Freiheit, die beschränkst du selbst, indem du dich mit deinem Körper identifizierst. Jetzt bist du Körper, jetzt bist du Materie, da hast du natürlich diese ganze Schöpferkraft abgegeben. Das Schlimmste für mich ist, dass in diesem Körper drin ein Hirn ist, und dieses Hirn brauchst du natürlich hier auf der Erde, das ist auch wichtig, denn sonst könntest du hier nicht funktionieren. Aber für deine ganzheitliche Entwicklung ist es nicht brauchbar. Das steht dir immer im Weg, weil es dir die Materie immer ins Bewusstsein bringt und sagt: »Du kannst das nicht, weil …« Und dann glaubst du dem Hirn anstatt dir selbst. Ich habe entdeckt, dass ich hier konsequent trennen muss zwischen mir und meinem Körper, das ist für mich die größte Erkenntnis gewesen. Ich hab dann auch begriffen, was Materie ist in einem geschlossenen System, wo mein Körper dazugehört, wo ich aber als Geistwesen nur zu Gast bin. Dieses Zu-Gast-Sein heißt, ich bin nur eine Zeit lang da, und dann gehe ich wieder. Also ist das ganze Müssen, das Arbeiten und Geldverdienen, Essen und Kleider-Anschaffen nur eine Erfahrung, die ich hier mache, und ich kann durch diese Erfahrung, hier zu leben, lernen: Was ist Schmerz? Was ist Hunger? Was ist Frieren? Und so weiter. Das sind alles körperliche Erfahrungen, als Geist würde ich das ja nicht erleben. Das ist wie eine Entdeckungsreise auf dieser Erde.

Das Gefängnis sind also die von uns geschaffenen Systeme, also im Schweiße seines Angesichts etwas zu erarbeiten, Massenproduktion und dergleichen. Wenn man zum Beispiel Geld abschaffen würde, müsste man ja viel unnützes Zeug nicht mehr produzieren. Man müsste Technik nicht mehr günstig, teuer und extrem teuer produzieren, sondern könnte nachhaltig eine Sache herstellen. Das heißt, wir könnten durchaus wieder in der Fülle leben. Das wäre ja möglich. Die Natur zeigt es uns ja, und sie könnte uns alle ernähren.

Da läuft etwas ganz schief. In der Natur haben wir einen solchen Überfluss, Nahrung und alles, es wächst ja alles. Aber wir haben ein System geschaffen, dass dem einen alles gehört und dem anderen nichts. Da sind wir dann beim Geld.

Auch die Masse an Gütern, wenn man überlegt, 50 Eissorten, 50 Waschmittel, Hunderte von Lippenstiften, das ist eine Produktion, die ja gar nicht nötig wäre. Wir halten uns selbst in der Gefangenschaft. Aber wie du gesagt hast, das ist ja eine Erfahrung, die man gemacht haben kann. Also, es ist an sich nichts Negatives.

In dem Sinne ist es gut. Und deshalb sage ich auch immer, Krankheit im Körper ist eine positive Erfahrung, wenn du etwas daraus lernst. Wenn du lernst, dass du in diese Richtung nicht gehen kannst, weil es für dich nicht gut ist, weil der Körper reagiert und krank wird. Und dadurch hast du die Möglichkeit, die Heilung wieder selbst auszulösen und in eine andere Richtung zu gehen.
Aber die meisten Menschen machen das Gegenteil. Sie bemitleiden sich und sagen: »Ich bin ein armer Mensch, ich muss immer leiden, mir geht es ständig schlecht«, und zementieren damit ihr Schicksal immer wieder in derselben negativen Richtung.
So schrauben sie sich selbst immer mehr in die Tiefe. Dann müssen die anderen helfen, der Arzt oder das Spital. Am Ende sind sie dann Opfer ihrer selbst.

Eine Dame hat mir einmal erzählt, dass ihr die geistige Welt übermittelt habe, dass wir uns benehmen, als hätten wir Scheuklappen aufgesetzt und liefen damit ganz bewusst geduckt durch ein großes Labyrinth. Wir könnten uns jederzeit aufrichten und entdecken, wie wir aus dem Irrgarten herauskommen, aber wir wollen offenbar immer wieder dieselbe Erfahrung machen.

Ich denke, es wird immer Menschen geben, die diese Erfahrung machen müssen, die gegen sämtliche Botschaften resistent sind. Jeder Mensch ist ein Individuum und muss selbst fühlen, empfinden und spüren. Das finde ich etwas absolut Schönes. Es gibt auch keine zwei Menschen, die gleich sind auf der Erde. Jeder hat die Möglichkeit, sich so zu entwickeln, wie er seine Erfahrungen machen muss.
Leider haben viele Menschen zum Teil gar keinen Zugang zum Wissen um die großen Zusammenhänge, weil sie gar nicht reif sind dafür. Du kannst einen Erstklässler lange in

höherer Mathematik unterrichten, der wird das nie begreifen, nie. Das ist das Problem. Es gibt Menschen, die sind gar nicht so weit, dass sie das, was wir jetzt erzählen, überhaupt begreifen können. Also bringt es nichts, wir müssen sie einfach gehen lassen. Doch es gibt auch immer welche, die etwas begreifen. Die große Masse kannst du allerdings nicht erreichen. Die will Unterhaltung, Spiel, Spaß, Sport und Arbeit, und dann ist gut.

Dieses Buch richtet sich ja auch an Menschen, die sehen, dass der Weg, den sie bereits eingeschlagen haben, der richtige ist. Die materialistische Welt, wie wir sie hier beschrieben haben, ist zu klein, es gibt noch viel mehr zu entdecken und zu erfahren.

Ja, da entsteht etwas Neues. Weil der Mensch langsam begreift, dass ihn die eigene Technik oder die eigenen Erfindungen krank machen und in einen unglaublichen Stress bringen. »Die Geister, die ich rief, die werd ich jetzt nicht mehr los.« Die Menschen werden immer aggressiver. Und dann kommt unsere wunderbare Pharmaindustrie und glaubt, sie könne allen mittels Tabletten wieder das Glück bringen. Aber dabei geht es ja auch wieder nur um Geld.

Die Natur bezahlt letzten Endes mit einer Art Energieausgleich. Indem sich jede Pflanze, jedes Tier im Gleichgewicht befindet, Energie abgibt, dafür wieder an anderen Stellen welche bekommt, ist das letzten Endes auch eine Währung. Es gibt ja diesen wunderbaren Film »Avatar«, wo gezeigt wird, wie ein ganzer Planet und dessen Pflanzen vernetzt sind. Letzten Endes kann man sich schon vorstellen, dass es eigentlich so funktioniert.

Es ist das Schwingungszelt. Wir müssen begreifen, dass alles Schwingung ist. Und diese Schwingungen kommunizieren miteinander. Da kannst du dich

mehr oder weniger hineinbegeben, und dann hast du selbst diese Energie. Und die Natur hat im Gegensatz zum Menschen begriffen, dass man nur weiterkommt, wenn man immer dasselbe macht. Weiterentwicklung heißt nicht, anders zu werden. Weiter wachsen und weiter gedeihen schon, aber immer im gleichen Stil und mit der gleichen Energie.

Und vor allen Dingen mit Vielfalt. Wir fahren ja hier durch Niederbayern, und da fällt einem schon deutlich auf, dass auf den Feldern überall Monokultur herrscht. Sehr viel Mais wird angebaut für Futter oder Biogasanlagen. Das hat ja mit Vielfalt gar nichts mehr zu tun. Die Natur geht kaputt. Wenn man sich die Felder genauer anschaut, dann sieht man, dass der Boden kaputt ist, da ist kein Leben mehr drin.

Das würde ich jetzt nicht unterschreiben. Kaputt geht eigentlich nichts. Es gibt eine Veränderung, die schlussendlich den Menschen die Existenz entzieht. Wenn zum Beispiel der Mais hier nicht mehr wächst, hat der Bauer ein Problem, nicht die Natur. Was hier wächst, das ist den Naturgeistern eigentlich egal. Das gibt dann einfach einen Wandel. Du schlägst den Wald weg und hast dann eben Kahlflächen. Da geht der Wind besser durch, die Landschaft trocknet mehr aus. Wem schadet jetzt das? Der Natur selbst nicht, die gleicht das irgendwann wieder aus. Aber der Mensch hat ein Problem, denn wenn er kein Wasser mehr hat und trockene Felder, dann hat er keine Nahrung mehr. Schlussendlich ist das ein Eigentor.

An der Bertenöder Kapelle: Die Natur sorgt für sich selbst

Im Niederbayerischen Wald zwischen Ering und Simbach am Inn befindet sich die Bertenöder Kapelle. An diesen sagenumwobenen Platz nehme ich Sam Hess mit. Von hier aus reicht der Blick über das Inntal bis zu den Alpen. Der Watzmann mit seinen zwei Spitzen ist gut zu erkennen.

Jetzt stehen wir in meinem heimatlichen Wald vor einer Kapelle. Die Menschen errichten solche Bauwerke ja immer an besonderen Plätzen. Und hier wohnen wieder ganz andere Geister, die nicht zu den Naturgeistern gehören, aber auch zu den höheren Sphären.

Sie gehören zu den Menschengeistern. Weißt du, was ich immer wieder sag, was der Jesus darstellt, das hat die katholische Kirche nicht begriffen. Jesus ist gestorben, aber auferstanden. Und jetzt hängt er nicht mehr am Kreuz. Er ist auferstanden. Und die Botschaft wäre, auferstehen, nicht leiden und hängen. Verstehst du? Wir haben die Auferstehung noch nicht begriffen. Und jetzt sind wir immer noch an dem Punkt.

Wir sind immer noch beim Leiden?

Genau. Wir sind immer noch im Leiden drin. Und ich sage immer: Hängt nicht die Kreuze weg, aber das Leiden. Das ist so etwas von schräg. Die Auferstehung ist doch etwas Wunderbares.

Hier sind wir in einem jungen Mischwald, der wahrscheinlich angepflanzt wurde. Aber das bedeutet nicht, dass die Naturgeister, die hier leben, auch jung sind?

Nein, natürlich nicht.

Weil sie wieder die Weisheit der früheren Bäume mitbringen, oder?

Ja genau. Und hier ist eine unglaublich starke Schwingung. Wahrscheinlich steht hier nicht umsonst diese Kapelle.

Das spürst du?

Ja, hier herrscht eine ganz starke Kraft.
Das kommt wegen dem Leiden, das steckt in den Symbolen drin. Dann kommen die Menschen und beten da.

(Sie gehen weiter.)

Kommen wir zum Thema »Mystik des Waldes«. Der Wald wächst ja als Symbiose. Von Grund auf, von den Moosen, von den Farnen, bis rauf zu den verschiedenen Bäumen.

Die Bäume sind der Abschluss. Das sind die ältesten Lebewesen, die es gibt.

Weil die auch unterschiedliche Lebenszyklen haben. Die Bäume stehen am längsten. Und dann kommt der Mensch, rodet die Bäume und pflanzt hier Monokulturen. Die

Natur kennt aber keine Monokultur, sie lässt ja aus einem bestimmten Grund unterschiedliche Baumarten wachsen. Die haben ja alle ganz unterschiedliche Aufgaben.

Die Buche sammelt Kalk im Boden, und durch ihre Blätter düngt sie den Boden mit Kalk. Und die Eiche bringt die Mineralien aus tieferen Ebenen. So wird der Boden selbst immer wieder gedüngt, weil das wieder abgebaut wird. Du musst dir vorstellen, für einen Zentimeter Erde braucht es etwa 40 Jahre.
Und dann ist das auch geschichtet. Da soll mir mal einer erklären, das mache nichts, wenn du mit einem schweren Fahrzeug da drüberfährst und die ganzen Strukturen zusammendrückst.
Wir haben auch Untersuchungen gemacht wegen der Regenwürmer. Die sind ganz wichtig, weil sie Röhren graben und die Erde auflockern. So dringt das Regenwasser leichter ein, und die Pflanzenwurzeln finden zwischen den Röhren besseren Halt und einen Wasservorrat. Die Regenwürmer bewegen sich in den Röhren von oben nach unten und vermischen dabei die Erdschichten. So wird die Erde auf ganz natürliche Weise gedüngt.
Und diese Regenwurmtätigkeit ist bei uns teilweise bis zu 80 Prozent zurückgegangen.

Auch die Insekten verschwinden. Wir haben 77 bis 80 Prozent weniger Insekten.

Genau. Und das heißt, irgendetwas fehlt jetzt im Wald. Denn die haben ja alle eine Aufgabe. Und diese Aufgabe können sie jetzt nicht mehr erfüllen.

Viele sagen, wir müssen den Wald pflegen. Wir können den umgestürzten Baum nicht liegen lassen, da kommt doch der Borkenkäfer, das muss doch aufgeräumt werden. Wieso meint der Mensch immer, er muss aufräumen?

Das ist eine Illusion. Das hat man einfach irgendwann begonnen.

Du warst ja viele Jahrzehnte Förster, wie auch dein Vater und dein Großvater vor dir. Da gibt es doch auch ein aus der Erfahrung gewachsenes Wissen, das besagt, dass wir im Wald nicht aufräumen und auskehren können wie in einem Wohnzimmer.

Bei uns in der Schweiz wird wieder sehr viel Holz liegen gelassen. Wie das in Bayern ist, weiß ich nicht. Aber bei uns hat man mittlerweile begriffen, dass durch so einen Stamm, den man im Wald liegen lässt, rund 2500 Lebewesen leben können. So lang, bis er wieder zu Erde geworden ist.

Jetzt sind wir an einem kritischen Punkt. Über die letzten Jahrzehnte haben wir gemeint, wir müssten »Unkraut« entsorgen. Allein dieses Wort ist ja schon ein Unding. Und jetzt sehen wir plötzlich, dass diese Systeme miteinander symbiotisch verbunden sind und wir offensichtlich überhaupt nicht mehr eingreifen dürften.

Nein, das dürfen wir nicht, das ist klar. Dort, wo ich meine Waldseminare halte, gibt es eine jahrhundertealte Tradition von Holznutzung. Das heißt, solche Mischwälder wie hier um uns herum gibt es dort gar nicht. Sondern dort hast du Bäume in allen Altersstufen. Diese Nutzungsart bedeutet, du nimmst individuell immer nur ein bis zwei Bäume raus.

Und die ersetzt man wieder?

Aber nicht durch Pflanzung. Denn die anderen stehen ja schon da. Und deshalb hast du immer Bäume, die diesen Platz einnehmen.

Die Natur sorgt dafür, dass der Platz wieder belegt wird?

Ja, da gibt es einen jungen Baum und einen alten. Jetzt kannst du den alten wegnehmen, denn du hast ja schon wieder einen, der bereitsteht. Dann haben die anderen auch mehr Licht. Und dann hast du wieder einen alten

Baum und wieder einen jungen daneben …

Das heißt, wir können den Wald schon nutzen, aber in einer ganz anderen Art. In der Art, wie der Wald sich selbst nutzt.

Der alte Baum fällt irgendwann um und macht den anderen, die auch schon dastehen, Platz.

Und von den umgestürzten Bäumen dürfen wir nicht alle rausnehmen, denn wir brauchen ja auch diese vermodernden Stämme. Wegen der Lebewesen, die in so einem Baum leben können. Damit werden die ganzen Nährstoffe wieder in den Kreislauf zurückgegeben, oder?

Ja, aber das interessiert leider viele nicht. Es gab eine Zeit, da wurde einfach nur das Nutzholz genommen, das der Mensch verwerten konnte für Häuser und Möbel. Die ganzen Äste und Dolden wurden liegen gelassen. Und heute kommt die Maschine und räumt alles auf. Weil man alles brauchen kann. Das Hackholz braucht man jetzt für die Heizkraftwerke. Und so hat sich dann nichts entscheidend zum Guten geändert. Es ist ein Fluch. Und das wird der Mensch so lange betreiben, bis es ihn nicht mehr gibt.

Das heißt, wir haben uns in ein System begeben, das in Richtung »abschaffen« läuft. Wie schafft sich ein Lebewesen selbst ab? Das hat es in der Geschichte des Planeten so, glaube ich, noch nie gegeben. Natürlich sind viele Arten ausgestorben. Wir sind aber die erste Art, die sich selbst aus dem Spiel wirft, dadurch, dass wir meinen, wir könnten ein System verbessern, das gar nicht mehr zu verbessern ist. Du kannst ein perfektes, sich selbst organisierendes System nicht mehr verbessern, weil du ein Teil von diesem System bist. Und du kannst das ganze System gar nicht überblicken.

Und wenn du jetzt diese vielen Monokulturen anschaust – auf den

Feldern und im Wald –, dann kommt natürlich alles aus dem Gleichgewicht. Das Problem mit dem Borkenkäfer hast du zum Beispiel nur, weil der Mensch Monokulturen geschaffen hat. In einem Mischwald hast du kein Problem mit diesem Käfer.

Es ist praktisch wieder ein selbsterschaffenes Problem.

Ja, zum Teil wird der Mensch das auch irgendwann kapieren und dann wieder anders pflanzen.

Aber letztendlich müssten wir, um wirklich im Einklang mit der Natur zu sein, wieder leben wie diese indigenen Völker, die sich nur nehmen, was sie tatsächlich brauchen, die nichts auf Vorrat anlegen. Denn so ist das ganze Ungleichgewicht ja entstanden, als wir begonnen haben, etwas auf Vorrat anzulegen.

Ja, Dinge, die wir überhaupt nicht brauchen.

Weil wir damals Angst gehabt haben, dass es morgen zu kalt sein oder die nächste Eiszeit kommen könnte. Bald haben wir das aber in jeder Jahreszeit betrieben.

Weißt du, es gibt zu dem Thema ein schönes Beispiel. In Frankreich hat ein Bischof zu seiner Zeit erkannt, dass man Schiffe bauen kann. Und er hat gesagt, jetzt müssen wir Eichen pflanzen, denn dieses Holz brauchen wir für unsere Schiffe. Und als die Eichen so weit waren, dass man sie hätte nutzen können, wurden Schiffe schon längst nicht mehr aus Eichenholz gebaut. Das Schöne ist, dass jetzt dort riesige Eichenwälder stehen, die ganz anders genutzt werden. Manchmal kann eine dumme Idee auch etwas Gutes haben.

Was sind eigentlich Naturgeister?

Natürlich besuchte ich Sam auch in seiner Heimat Luzern in der Schweiz. Wir fuhren mit ihm zusammen nach Engelsberg, an den Ort, wo er aufgewachsen ist. Wir verbrachten dort mehrere Tage und sprachen ausführlich über seinen Zugang zur Natur und zu den Naturwesen.

Sam, ich möchte heute mit dir ausführlicher über das Thema Naturgeister reden.

Dazu möchte ich zuerst einmal sagen, dass wir zur Natur wieder einen besonderen Zugang brauchen. Wenn du hier auf dieser Erde lebst, siehst du normalerweise nur, dass im Garten etwas blüht und hier und dort etwas wächst. Und das erscheint dir alles völlig normal. Aber dass dahinter eine riesige Hierarchie von Wesen steckt, daran denkt man gar nicht. Das Gras wächst also einfach, und die Bäume wachsen, die Früchte, alles kommt scheinbar von selbst. Dabei steckt da eine uralte Weisheit dahinter.
Die Natur ist eine ganz andere Wesenheit. Das ist nicht mit uns zu vergleichen, mit Menschen oder Tieren. Denn diese Naturwesen, die sind immer hier. Die bleiben hier, die sind auf der Erde zu Hause, solange es irgendwo Pflanzen gibt oder Wasser. Alles Lebendige ist ja beseelt.

Du sagst, diese Naturwesen haben eine bestimmte Aufgabe. Was sind für dich diese Naturwesen?

Eigentlich ist es das Leben, das in allem wohnt, hier auf der Erde. Als Beispiel: Du hast in einem Baum einen Baumgeist. Und dieser Baumgeist ist für die Pflanze, für den Baum zuständig. Dann gibt es noch viele Wesen, die im Boden arbeiten, und natürlich die Luftwesen usw. Für mich gibt es zwei ganz große Richtungen. Die eine ist die Welt der Feen. Das sind alle Wesen, die mit der Erde zu tun haben, die in und über der Erde leben, aber nicht fliegen oder im Luftraum sind. Und dann gibt es die Welt der Elfen. Das sind die Wesen, die hauptsächlich den Luftraum bearbeiten oder beleben, bis hin zu den großen Luftströmungen, die dann entstehen.

Du sagst, du kannst sie sowohl sehen als auch mit ihnen kommunizieren. Das ist eine Perspektive, die wir als Teil der normalen Gesellschaft überhaupt nicht haben. Man kann also mit diesen Wesen sprechen?

Ja, telepathisch. Wir sind ja Schwingung, und Schwingung hat eine gewisse Frequenz, und diese Frequenz kannst du anpassen an die Frequenz dieser ganzen Naturgeisterwelt. Das Problem ist, wenn man zum Beispiel in die Natur hinausgeht und sagt: »Ich möchte diese Wesen mal sehen«, dann funktioniert das nicht. Die Wesen werden sich dir nur zeigen, wenn sie erkennen, dass du so weit bist. Wenn du aber offen bist für die Wesen und in der Natur in Ruhe sitzt, erkennst du plötzlich Gesichter oder irgendwelche Formen, die du aus deinem Alltag kennst. Die Wesen zeigen sich so, vor allem in der Morgenfrühe. Da erhältst du plötzlich diese Bilder. Mindestens lassen sie dich merken, dass sie da sind. Also, wenn du ein bisschen feinfühlig bist, dann spürst du das. Wenn ich hier sitze und plötzlich kommt ein Windhauch, ist das für mich ein Streicheln einer Wesenheit, die mir zeigt: »Ich bin da.« Darauf sagt ein anderer vielleicht: »Das ist doch nur Wind!« Aber was ist Wind? Wind ist eine Schwingung, eine Bewegung. Ich werde von dieser Schwingung berührt.
Oder du gehst über das Feld. Auf dem Feld hast du ja keine Bäume, an denen Spinnweben hängen könnten. Und dennoch berührt dich etwas wie ein Spinnennetz im Gesicht. Und du streichst mit der Hand darüber und fragst dich: »Was war denn das jetzt?« Es ist die Berührung eines Naturwesens, um dir ganz klar zu zeigen: »Ich bin

auch da.« Ganz klein und sehr zart. Das sind meine Beobachtungen. Es ist auch ein Stück weit mein Glaube, ob ich es als das annehme oder ob ich sage: »Nein, das ist alles nur Illusion und Einbildung.«

Was ich interessant finde, ist, dass die alten Naturvölker die belebte Natur so akzeptieren. Wir glauben dagegen, dass wir über der Natur stehen, dabei sind wir eingebunden.

Ja natürlich, und zwar über unseren Körper. Der Körper ist ja ein Teil dieser Natur und erhält von ihr Informationen. Wenn ich meinem Körper eine Pflanze verabreiche, bekomme ich ihre Information und auch die von der Erde, von der Ganzheit dieser Schöpfungskraft. Darum haben ja alle Kräuter und Tees eine positive Schwingung und heilen meinen Körper, weil er genau diese Sequenzen braucht. Nicht mein Geist! Du weißt ja, dass ich ganz klar trenne zwischen Geist und Körper. Ich bin nicht der Körper, aber mein Fahrzeug braucht diese Information, es ist ein Teil dieser Natur. Und dann kommen eben diese Kräuter zum Einsatz, diese Brennnessel zum Beispiel, aus der ich einen Tee mache. Und mit diesem Tee tue ich meinem Körper etwas Gutes.

Mit den Naturwesen ist es auch so? Diese Pflanzen, Bäume sind nur der Körper, und die Naturwesen sind die Beseelung dafür?

Genau. Und das ist das Interessante: Wenn ein Mensch oder ein Tier stirbt, wenn also der Geist aus ihrem Körper entweicht, dann ist die Materie tot. Tatsächlich tot, du kannst sie nicht mehr beleben. Aber warum kann ich eigentlich Blumen abschneiden, sie ins Haus nehmen, in die Vase stellen, und sie blühen weiter? Hier hast du den Unterschied zwischen Pflanze, Mensch und Tier. Materie stirbt, aber die Pflanze verwelkt. Verwelken heißt, es gibt keinen Tod in dem Sinn, sondern die Devas, die auf den Pflanzen sind und die Pflanze beleben, die kommen mit deinem Blumenstrauß in dein Wohnzimmer. Und über die Tage hinweg verabschieden sie sich langsam. Sie gehen wieder zurück in die Natur hinaus. Das heißt, wenn du eine Pflanze abschneidest, ist sie nicht sofort tot, sondern sie lebt weiter, weil die Geister noch drin sind. Und die gehen dann langsam raus. Das ist auch bei einem Baum so schön. Der Geist geht aus einem Baum weg. Wenn du ihn abschneidest, geht er zurück in die Natur. Deswegen hat die Natur so ein unglaubliches Wissen, weil sie Millionen Jahre alt ist. Weil sie nie verschwindet, sie ist ja immer da. Wenn du das Holz von dem Baum zu deinem Bett umbaust, hat das natürlich ein Leben lang diese Schwingung. Die bleibt. Und du verbindest dich über deinen Körper mit dieser Schwingung, darum ist ein Holzbett sehr viel wertvoller als eines aus Metall.

Interessant für unsere Leser und Leserinnen ist ja auch dieser Dialog, diese Kommunikation mit den Naturwesen. Wir sehen ja sonst die Natur als unbeseelt an oder als unbewusst. Du warst 50 Jahre lang Förster und hattest permanent Zugang zu diesen Wesenheiten. Stimmt es aus deiner Erfahrung heraus, dass sie uns wahrnehmen, dass sie mit uns kommunizieren und auf uns reagieren – dass es also eine Intelligenz gibt, die wir völlig unterschätzen?

Logisch. Und diese Intelligenz, die ist so gewaltig, das ist unglaublich. Und darum kann die Natur auch ihre Strategien immer den Gegebenheiten der jeweiligen Situation anpassen. Die Natur rottet sich ja nicht selbst aus.

Wir rotten uns aus. Wir schmeißen uns aus dem Spiel, indem wir nicht mit der Natur in Schwingung bleiben.

Es geht ja immer um unseren Körper, es geht nie um unseren Geist. Der Geist ist hier nur in der Schule. Aber trotzdem müsste ich während dieser Schulzeit mal begreifen, dass ich jetzt mit meinem Körper ein Teil dieser Natur bin. Mal erkennen, wie wichtig es ist, dass ich lerne, mit der Natur zu kommunizieren. Kommunizieren beginnt schon mit dem Essen oder damit, einen Tee zu trinken. Kommunikation ist auch, dass du dich mal ruhig hinsetzt, denn dann zeigen sich dir die Wesen. Aber du musst dich in großer Demut da hineinbegeben. Stell dir ein ganzes Feld voller Farne vor. Es ist absolut windstill, nichts bewegt sich, Sommerwärme, alles ruhig, und plötzlich beginnt ein Blatt sich zu bewegen. Das soll mir jemand physikalisch erklären, warum ein einziges Farnblatt so winkt, während alle anderen mucksmäuschenstill bleiben. Da ist auch keine Windböe durchgefahren, sonst würde das anders aussehen. Nein, das ist eine Elfe, die sich da niedergelassen hat und sich mir zeigt.

Du erzählst ja immer liebevoll von diesen Naturwesen, die offensichtlich nicht die menschlichen Aggressionen, diesen Egoismus haben, sondern füreinander einstehen. Du sagst, die Natur ist ein Netzwerk, da gibt es Zusammenhalt, ein harmonisches aufeinander Aufpassen. Und wir trampeln durch diese Natur, als wenn das unser Wohnzimmer wäre. Dabei betreten wir das Wohnzimmer von jemand anderem!

Das ist vielleicht etwas schwer verständlich, aber wir müssen akzeptieren, dass die Natur selbst natürlich auch mal ein paar Leben auslöscht. Wenn du durch den Wald gehst oder über die Wiese, ist es ja nicht deine Absicht, irgendwelche Kleinstlebewesen zu zertreten. Das lässt sich aber nicht verhindern, weil du nun mal nicht fliegen kannst. Also musst du deine Füße irgendwohin setzen. Dann hast du halt hier einen Käfer und da eine Ameise zertreten. Was interessiert dich jetzt das Schicksal dieser Insekten? Aber wenn die Stufe mal nach oben geschaltet wird, wenn etwas passiert, was einen menschlichen Körper zerstört, dann machst du ein Riesending draus. Wenn die Natur durch einen Vulkan oder durch eine Lawine ein paar Menschen mitnimmt, haben wir ein Riesenproblem damit.

Wir haben keine Beziehung mehr zur Natur, da gibt es in unserem Denken gar kein Miteinander mehr.

Nein, jetzt beuten wir sie aus. Für was eigentlich? Wir machen da irgendwie materiell etwas draus. Eigentlich ist das nicht der Sinn des Ganzen, dass wir aus allem eine materielle Wüste machen. Der Sinn ist, dass wir mit der Natur zusammenleben. Unsere Nahrung entsteht durch die Naturwesen. Sie sind sehr, sehr liebevoll und sehr, sehr anpassungsfähig, sonst würden sie dieses ganze Umkrempeln, diese Genmanipulation, gar nicht mitmachen. Sie lassen sich das einfach gefallen. Aber die Wirkung der ganzen Materie ist dann natürlich gleich null. Da strafen sie uns dann ab. Das heißt, in deinen künstlich erzeugten Früchten oder dem Gemüse sind keine Informationen mehr drin, die der Körper aufnehmen kann. Das ist dann wie eine Wüste.

Kannst du das noch einmal genauer erklären? Du sagst, diese ganzen Früchte, die Äpfel, Birnen, Bananen, alle Früchte, die wachsen, sind auch von diesen Naturwesen beseelt.

Ja, natürlich.

Und wenn wir von diesen Früchten essen, dann nehmen wir auch die jeweilige Information auf, die da drin ist. Wenn wir die Früchte jetzt künstlich verändern oder anpassen, damit sie resistenter werden, dann machen wir eigentlich genau das Gegenteil, weil wir die Information rausnehmen.

Wir schützen die Früchte zwar gegen irgendwelche Insekten, verändern aber gleichzeitig die Nahrung so, dass die Information für unseren Körper gleich null ist. Ein gutes Beispiel ist die Zuckerrübe. Die wird angepflanzt und geht dann in die Zuckerfabrik. Dort wird Zucker aus ihr gewonnen. Dieser Zucker ist künstlich, völlig von der Pflanze entfernt. Es ist ein Saft, der wiederum bearbeitet wird, bis du schlussendlich einen weißen Zucker hast. Dieser Zucker, umgewandelte Energie, ist eigentlich reines Gift für den Körper. Weil der Zucker ja über die Nahrung kommen müsste, über die Frucht, als normaler Zucker und nicht konzentriert.

Das Problem ist, dass wir glauben, weil wir denken, planen und strategisch vorgehen können, hätten wir diese Erde tatsächlich im Griff. Wir erkennen aber die ganzen Zusammenhänge viel zu spät. Wir setzen zum Beispiel Pestizide ein, um die Pflanzen resistent zu machen und die Ernte zu erhöhen. Um öfter ernten zu können, werden die Wiesen überdüngt, und die Folge ist, dass die Insekten aussterben. Nach 10, 20, 30 Jahren erkennt man, welche Schäden die Pestizide verursachen, dass wir hier etwa unsere Bienen schädigen, die Bestäubung in Gefahr bringen. In Japan gibt es Menschen, die mit dem Handschuh bestäuben, weil sie keine Bienenvölker mehr haben. Sollte man nicht andersherum denken: Wenn die Natur das so eingerichtet hat, dann sollten wir nicht eingreifen! Wir haben ja die Erfahrung der Millionen, Milliarden Jahre gar nicht, um es besser zu machen. Aber wir glauben das. Wie kommt dieses Denken zustande?

Weißt du, das hat natürlich mit der Raffgier des Menschen zu tun. Er will immer mehr und mehr. Die Natur macht eine Zeit lang schon mit. Und da haben wir wieder den Unterschied: Die Naturwesen leben in einer anderen Welt als all die Mikroorganismen, als die Tiere, als der Mensch. Die Pflanzen sind nicht unbedingt angewiesen auf die Tiere. Dem Apfelbaum ist es egal, ob er Äpfel hat oder nicht. Dann baut er eben das Ganze um. Diese Intelligenz ist vorhanden. Wenn du die gesamte Tierwelt ausrottest, schlägt das bloß auf uns zurück, denn uns fehlt dann plötzlich die Nahrung. Aber die Natur selbst interessiert das gar nicht, weil diese Wesen ja in einer ganz anderen Welt leben. Dann verschwinden halt grad im Moment gewisse Pflanzen aus der Naturbibliothek. Die sind dann nicht mehr da, bis das Ganze sich wieder neu aufgebaut hat. Die Naturwesen haben Zeit, sie haben ewig Zeit.

Wir wissen zwar, dass die Natur lebendig ist, aber Naturgeister, die du als Feen, Elfen und Devas bezeichnest, erkennen nun doch die wenigsten an. Devas sind in der Hierarchie höhergestellte Wesen, oder? Sie wohnen in den Pflanzen, den Bäumen und kümmern sich mit ihrer heilsamen Energie um sie. Stimmt es, dass wir mit ihnen auf Augenhöhe kommunizieren sollen? Denn wir stehen ja nicht über der Natur, ganz im Gegenteil. Das müssten wir wieder erkennen, dass wir eingebunden sind in dieses Geflecht.

Ja, das ist alles richtig, was du sagst. Und es ist völlig falsch, dass der Mensch glaubt, er könne irgendetwas an der Natur verbessern. Weißt du, wenn du immer punktuell irgendwo eingreifst und glaubst, dass du da ein bisschen und dort ein bisschen was verändern kannst, dann ist dir völlig entgangen, dass du die Gesamtheit nicht mehr erkennst. Es ist immer das Ganze, das zusammenspielt.

Denken die Naturwesen über die Veränderungen nach, die wir verursachen, über den Klimawandel, die Extreme, die jetzt passieren, kältere oder wärmere Winter, heißere Sommer, Jahreszeiten, die sich verändern?

Ich finde, da muss man schon etwas auseinanderhalten. Das eine ist sicher die Erde selbst, die ganze Konstellation, das ganze Universum, das natürlich auch etwas Lebendiges ist und sich deshalb auch verändert. Dass zum Beispiel die Gletscher weggehen oder dass

es wieder eine Eiszeit gibt, hat natürlich auch mit der Entfernung von Sonne und Erde zu tun. Da sind schon noch andere Einflüsse im Universum dabei.
Das Schlimmste hier auf der Erde ist, dass es keine Vernetzung mehr gibt, obwohl der Mensch schon lange von »vernetzten Räumen« spricht. Das nabelt uns von diesen ganzen Weisheiten ab.
In der Stadt sind die Bäume völlig isoliert, sie stehen nur noch als Individuum da und haben zu nichts mehr Bezug. Und jedes Mal, wenn irgendwo eine Autobahn gebaut wird, teilt der Mensch einfach die Landschaft. Was machen jetzt alle diese Tiere, was machen alle diese Lebewesen, wenn sie die vorherige Ganzheit nicht mehr erreichen können? Dann sind sie isoliert, auf der einen wie auf der anderen Seite.

Dann müssten wir die Autobahnen entweder unterirdisch legen oder auf Stelzen?

Ja, es müsste zumindest immer wieder Brücken geben.
Dann hast du diese Städte, die sind auch völlig isoliert. Und jetzt passiert etwas ganz Spezielles: Der Mensch geht aus der Stadt raus in den Wald, und es geht ihm sofort besser. Warum? Wir sitzen gerade in einem Wald, hier ist alles voll natürlicher Schwingung. Die Bäume kennen ja keine Zeit, die Natur kennt keine Zeit, es ist einfach, wie es ist. Und jetzt tauchst du als Mensch in diese Sphäre ein. Unbewusst spürst du: Es ist ganz anders hier, keine Hektik, kein Stress mehr. Weil in den Bäumen dieses Zeitlose, dieses Einfach-Sein wohnt. Und wenn du davon umgeben bist, muss es dir ja besser gehen, weil du plötzlich wieder in einer ganz anderen Phase schwingst.

Man muss sich aber auch auf die Natur einlassen. Das heißt, ich kann nicht wie ein Verrückter durch den Wald rennen, sondern ich muss mir auch die Zeit nehmen, an einem Baum sitzen zu bleiben.

Schon, aber eigentlich reicht schon das Da-Sein, du fährst fast zwangsläufig runter, ob du nun joggst oder langsam durch den Wald läufst. Weil da eine ganz andere Schwingung herrscht als in der Stadt, wo du nur noch Hektik hast und es eigentlich keine Naturwesen mehr gibt im großen, vernetzten Stil. Da kannst du auch nichts mehr spüren, da bist du dann völlig auf dich gestellt. Wichtig ist, dass wir heute in der Gesellschaft erkennen, dass wir Fehler gemacht haben. Das siehst du zum Beispiel an den ganzen Allergien, die der Mensch heute hat, in jedweder Form. Es kann ja nicht sein, dass dein Körper die eigene Natur ablehnt, dass du auf Pollen reagierst, mit denen dein Körper doch zurechtkommen müsste. Das konnte er ja mal. Aber diese ganzen Allergien zeigen, dass irgendetwas verändert worden ist. Nicht im Geist, sondern auf der materiellen Ebene. Jetzt kann dein Körper gar nicht mehr mit der eigenen Natur kommunizieren, und das ist schrecklich.

Was sollen wir denn in Zukunft anders machen? Klar, wieder in die Natur hinausgehen oder die Natur anders wahrnehmen, etwas langsamer. Es geht automatisch langsamer, wenn man wandert. Aber teilweise läuft ja auch Sommer- und Wintersport in einer irren Geschwindigkeit ab, das ist eine ganze Industrie. Und wir werden um die Städte nicht herumkommen, über 80 Prozent der Menschheit werden in den Städten leben müssen. Sieben Milliarden Menschen wollen ernährt werden. Aber wir wissen, dass wir zurück müssen zur Natur. Glaubst du, dass wir das bewerkstelligen können? Müssen wir aus der Stadt einen Wald machen? Einen Natur-Wohnort?

Der Mensch ist schon so mutiert, dass er das gar nicht mehr begreift.

Aber es gibt schon viele, die umdenken wollen und von der Politik verlangen, dass sich irgendetwas ändert.

Ja, aber weißt du, Nepomuk, ich muss etwas mit allem Nachdruck sagen, und das wird niemandem gefallen. Schlussendlich regeln das die Erde und die Natur selber. Das ist das Schicksal der Menschheit. Sie kollabiert. Das ist gar nicht anders möglich. Der Krug geht so lange zum Brunnen, bis er bricht.

Also du glaubst nicht, dass wir unser Leben oder unsere Zivilisation so umbauen können, dass dieses System nicht kollabiert?

Nein. Das ist gar nicht möglich, denn dafür findest du die Mehrheit nicht. Der Mensch ist heute so, dass er auf angenehme Sachen nicht mehr verzichten will. Die ganzen Allergien, von denen ich grad schon gesprochen habe, das ist ein wunderbarer Rückschlag der Natur: »Ihr habt die Lebensmittel verändert, die Nahrung, jetzt habt ihr eben einen kaputten Körper.« Wenn du bedenkst, wie viel Prozent Gemüse heute in Treibhäusern wächst, auch in der Schweiz. Du hast den ganzen Winter über Salat. Für was brauchst du Salat? Warum musst du im Dezember Tomaten haben oder im Januar? Solche Nahrungsmittel gehören nicht in diese Jahreszeit! Das ist nicht die Nahrung, die der Körper braucht.
Aber der Mensch macht einfach weiter und weiter und irgendwann einmal wird er gezwungen sein, etwas zu ändern – und das kann dann sehr, sehr radikal aussehen.
Und da sind wir wieder an dem Punkt, über den wir vorhin schon gesprochen haben: Ob jetzt sieben Milliarden Seelen plötzlich weg sind, das interessiert doch das Universum nicht. Die haben alle Platz irgendwo und werden ihren Platz finden. Dann hat halt diese Erde zum x-ten Mal wieder eine Spezies überlebt.
Es ist eigentlich verrückt. Warum kann man nicht zusammen mit dieser Natur in Harmonie leben?

Die Naturwesen, haben sie diesen Lernprozess, den wir haben, nicht?

Nein, sie haben ja das Wissen. Du hast vorhin gefragt, was sie denn sagen. Seit Jahrzehnten melden sie sich bei Menschen, nicht nur bei mir. Sie sagen: »Ihr habt die Wahl, entweder mit uns oder ohne uns. Ohne uns: Untergang. Mit uns: Weiterleben. Mit uns heißt aber, sich wirklich radikal umzustellen.«

Sams Kindheit, sein Werdegang und der Sinn der Waldseminare

Sams Werdegang ist hochinteressant. Ich bin ihm sehr dankbar, dass er mir bei einem unserer Gespräche in seiner Heimat so offen und ehrlich über sein Leben erzählt hat und mir die Erlaubnis gab, dies mit Ihnen zu teilen.

Was ich dich fragen wollte, Sam: Du bietest ja zwei Arten von Waldseminaren an. Wie lang dauern die immer, einen Tag oder einen halben?

Das Einstiegsseminar dauert den ganzen Tag, von 9.00 bis 17.00 Uhr. Wir unterbrechen nur für die Mittagspause, die aber auch im Wald stattfindet.

Und das zweite Waldseminar machst du dann mit den Eingeweihten?

Einfach mit denjenigen, die das erste besucht haben. Es ist eine Fortsetzung, um mehr in die Tiefe zu gehen. Mit Hexenkreis, Meditationen oder Ritualen. Auch mit Trommelritualen in die schamanische Richtung. Die Gruppe ist dann von abends um fünf bis am anderen Tag um fünf Uhr abends zusammen. Wir bleiben natürlich auch in der Nacht im Wald, an einem großen Feuer, wo wir auch den Feuergeist mit einbeziehen.

Kannst du uns ein wenig von dir erzählen? Wie bist du an die Sache gekommen? Du bist ja in den Bergen aufgewachsen, in Engelsberg, in dem Haus hier, vor dem wir jetzt gerade stehen.

Ja genau. Das haben meine Eltern gebaut, 1958.

Du bist praktisch dein ganzes Leben schon hier an diesem Ort?

Ja. Sechs Jahre lang waren wir vorher in einem anderen Haus. Ich habe hier auch Förster gelernt in Engelsberg. Dann bin ich aber genau 40 Jahre weg gewesen. Ich war in verschiedenen Forstbereichen tätig in der Schweiz. Jetzt bin ich zurückgekommen und werde hier bleiben, bis ich schließlich ganz weggehe.

Dein Vater war schon Förster, oder?

Mein Vater und mein Großvater auch, hier in diesem Dorf.

Bist du als Kind schon viel in die Natur hinausgegangen?

Ja, das hat sich einfach ergeben. Wenn du einen Vater hast, der immer draußen ist, bist du am besten auch immer draußen.

Du warst automatisch dabei.

Ja. Die prägendsten Erlebnisse hatte ich auf der Alm, auf der wir im Sommer viel waren. Ein Bruder meines Vaters hat dort Ziegen gehabt und Kühe. Die Familie hat selber Käse hergestellt. Was man eben macht, wenn man Milch hat.

Da war praktisch Landwirtschaft auch noch mit dabei?

Ja. Ein anderer Bruder meines Vaters hatte einen Landwirtschaftsbetrieb, aber ich war an beiden Orten zu Hause. Auf der Alm hat es mir sehr, sehr gut gefallen, das war die absolute Freiheit. Vor allem mit den Ziegen. Die Ziege ist für mich heute noch ein hochintelligentes Tier. Auch sehr spürsinnig.

Wenn man immer in der Natur draußen ist, dann beobachtet man sie auch ganz anders als jemand, der immer nur mit seinem Rad durchfährt.

Das ist wahr. Du lebst dort einfach im Rhythmus mit den Tieren. Und die Tiere zeigen dir, wie spät es ist. Am Morgen gehen die raus, um halb fünf, und um fünf sind sie wieder da. Damals hat es keine Zeit gegeben in dem Sinn, da hat man einfach gelebt.

Ich habe als Kind immer die Kühe hüten müssen. Du hast Ziegen gehütet, oder?

Die hat man nicht hüten müssen, du musstest sie nur melken.

Wenn du da draußen bei den Ziegen oder mit deinem Vater im Wald warst, hast du ja nicht so extrem mitarbeiten müssen. Was hast du gemacht, einfach gespielt in der Zeit?

Ich habe natürlich schon bei gewissen Dingen geholfen, das ist klar. Ich habe zum Beispiel Dinge mitgetragen oder etwas geholt oder etwas wohin gebracht.
Mein Vater war als Förster für die Wälder zuständig. Da gab es keine Straßen. Wenn du morgens dorthin gelaufen bist, dann war klar, dass du den ganzen Tag dort bleibst. Man hat auch immer draußen gegessen. Ich hab viel Feuer gemacht, damit wir uns wärmen konnten. Man ist ja sogar im Winter im Wald gewesen. Das war manchmal schon sehr hart, da im Schnee draußen, den ganzen Tag.

Dass man den ganzen Tag draußen ist, ist ja heute für Kinder eher ungewöhnlich. Wart ihr abends auch draußen?

Nein, abends sind wir nach Hause gegangen. Da bist du dann auch stundenlang gelaufen. Und nie ohne Gepäck. Wenn du in einen Gebirgswald gehst, musst du das ganze Zeug mitnehmen. In meinem Rucksack als Förster war immer Verbandszeug, ein Seil, zwei Schnüre, Messer – einfach die Dinge, die du brauchst. Das alles hast du ständig dabei. Und dann natürlich auch Lebensmittel und was zu trinken.

Außerdem musst du noch berücksichtigen, was du zu welcher Jahreszeit brauchst, je nach Aufgabe.

Zum Teil drängt dir das natürlich die Natur auf. Das ist wie beim Bauern. Im Sommer muss er Heu ernten, im Winter eben etwas anderes tun. Das ging uns genauso. Die Jahreszeiten gaben das Programm vor. Zum Beispiel kannst du Bäume nicht im Sommer pflanzen, also wird das im Frühjahr oder im Herbst gemacht. Und über den Winter wird hauptsächlich Holz geschlagen. Im Sommer werden die jungen Bäume wieder ausgemäht, damit sie nicht im Farn ersticken. Das ist der Rhythmus. Zwischendurch gab es natürlich auch wieder Windwurf irgendwo, also wenn der Wind Bäume umgeworfen hat.

Wir haben doch schon besprochen, dass es besser ist, wenn der Mensch nicht in die Natur eingreift?

Ja, aber hier ist es zum Teil noch sehr wichtig wegen dem Borkenkäfer, damit du nicht irgendwelche Schäden hast.

Du hast doch gesagt, dass die Natur sich auch selber repariert, wie man im Bayerischen Wald erkennen kann. Man wollte zuerst die ganzen Dellen und Beulen vom Borkenkäfer rausschneiden, und dann hat man festgestellt, wenn man die drin lässt, repariert sich ein bis zwei Generationen später der Wald von selber.

Ja. Aber das ist bei diesen Schutzwäldern hier anders. Die müssen ja stehen bleiben, sonst kommen die ganzen Lawinen runter oder Steinschlag usw. Ein Teil der Bäume muss unbedingt stehen bleiben, deshalb ist es wichtig, dass du da eingreifst.

Wenn du das mit den Borkenkäfern nicht rausschneidest, dann gehen die anderen Bäume kaputt …

Dann hast du plötzlich eine Kahlfläche, und das ist natürlich an diesen steilen Hängen sehr, sehr gefährlich.

Aber diese ganzen Hochplateaus hier, wo sich die Weideflächen befinden, hat es ja vor 200 Jahren noch gar nicht gegeben. Die hat der Mensch angelegt, als er sich in diese Hochebene zurückgezogen, Anwesen gebaut und das Land bewirtschaftet hat.

Und genau da liegt ja der Hund begraben. Um die Welt, die am Hang war, hat man sich nicht groß gekümmert. Aber dann hat man gemerkt, wenn am Hang kein Wald ist, dann ist unten das Dorf in Gefahr. Da gibt es viele Beispiele in der Schweiz. Das hat man schon sehr früh erkannt und tut seither alles dafür, dass der Wald erhalten bleibt. Man verjüngt ihn ganz sorgfältig, indem man nur Einzelbäume rausnimmt, damit auch etwas Junges nachkommt. Der Erste, der dafür zuständig war, das war der Bannwart. Der hat sich dann zum Förster entwickelt, und mittlerweile gibt es wieder neue Berufe. Jetzt ist der Forstwart für die Arbeit zuständig und der Förster für die Planung, die Vermarktung des Holzes und für die Beratung bei Privatwaldbesitzern.

Hast du früher auch schon mystische Erlebnisse gehabt im Wald? Denn du hast ja den Zugang zu den Naturgeistern erst finden müssen. Hat man dir als Kind gesagt, es gibt da noch die geistige Seite, die Naturwesen?

Früher hat man hier Hunderte von Sagen gekannt. Überall, von jeder Generation hier im Tal hat man Geschichten gelesen oder gehört. Zum Beispiel die vom Riesenstein, den der Teufel hier in die Gegend gestellt hat und dann auf eine Kapelle runterwerfen wollte. Aber dann hat ein altes Weiblein ein Kreuz darauf gemalt, und so musste der Teufel ihn stehen lassen. Solche Geschichten. Es gibt auch Geschichten von Jungfrauen, die eingesperrt sind in irgendwelchen Höhlen und drauf warten, dass jemand sie erlöst. Mit diesen ganzen Sagen bin ich natürlich aufgewachsen. Besonders auf den Almen wurden diese Geschichten erzählt. Wenn das Tagwerk beendet war, dann saß man am Abend zusammen, und plötzlich ergaben sich solche Dinge.

Haben das die Leute tatsächlich erlebt oder wurde das einfach weitererzählt?

Es wurden auch sehr viele persönliche Erlebnisse erzählt, die man sich nicht ganz erklären konnte. Ich muss dir schon eines sagen: Es hat immer mit Glauben zu tun. Für mich ist ganz klar: Ohne Glauben geht nichts. Denn man kann ja nicht alles beweisen, das ist ja Unsinn. Mein Onkel hat zum Beispiel immer gesagt: »Wir haben hier viele Naturgeister, und diesen Naturgeistern müssen wir die Ehre erweisen, denn sie schauen auf unser Vieh. Wir müssen mit ihnen zusammenarbeiten.« Und dann hat er jeden Abend eine Schale mit Milch vor die Tür gestellt. Das war ein festes Ritual. Man ist ja in der Natur draußen auf etwas Höheres angewiesen, wenn man so fernab vom nächsten Hof lebt. Nie ist auf seiner Alm etwas passiert, nie. Alles lief wie am Schnürchen. Klar hat es kleine Dinge gegeben, aber im Großen und Ganzen ging immer alles gut. Und dann gab es eine Nachbaralm, wo einer lebte, der die ganze Zeit fluchte. Der hatte immer nur mit kranken Kühen zu kämpfen, mit Kälbern, die zu Tode stürzten usw. Da beginnst du dann schon nachzudenken und sagst dir: »Moment mal! Mit irgendetwas hat das doch zu tun.«

Es passieren einfach immer wieder Dinge, die nicht erklärbar sind.

Das muss dir immer wieder bewusst werden, und nirgendwo gelingt dir das so wie in den Bergen. Wenn hier ein Riesengewitter kommt und du bist draußen mit deinem Vieh, was machst du dann? Nichts. Das Ganze so lassen, wie es ist, du kannst ja nichts tun. Und hoffen, dass es gut geht. Dann steigen innerhalb von Minuten die Flüsse an, und es kommt Geröll daher. Du hast dein Vieh natürlich schon in Sicherheit gebracht. Das ist auch so etwas, du denkst dann immer zuerst an deine Tiere.

Diese Gewalt, durch die in Minuten ein Bach anschwillt und dir eine ganze Wiese einfach zudeckt mit Schutt, die prägt dich unglaublich. Du kannst es ja einfach nur hinnehmen.

In einem Film, bei dem ich mitgewirkt habe, der hieß »Fenster zum Jenseits«, habe ich im Herbst einem Bauern auf einer Alm gesagt: »Du hast hier sehr, sehr gute Naturgeister auf dieser Hütte. Trage Sorge für die. Das ist ganz wichtig.« Und im Frühjahr drauf hat er mir erzählt, er hätte noch ein bisschen gelacht wegen mir, aber jetzt sei ihm nicht mehr nach Lachen zumute. In jenem Winter sei eine Riesenlawine abgegangen. Obwohl sie genau auf die Hütte hätte zukommen müssen, sei sie wie von Geisterhand 200 Meter vor seinem Zuhause in eine andere Richtung abgedrängt worden. Die Massen von Schnee hätten sich an der Hütte vorbeigewälzt, und sie sei verschont geblieben. Dann hat der Bauer gesagt: »Jetzt weiß ich, was du gemeint hast. Diese Dinge – natürlich können wir darüber lachen, aber ich werde mich nicht mehr über so was lustig machen.«

Mir hat neulich jemand erzählt, dass irgendwo ein Einkaufszentrum gebaut wurde und dafür unter anderem eine grüne Wiese weichen musste. Das Ganze ist sehr schlecht gelaufen, bis man darauf gekommen ist, dass man die Naturgeister nicht auf den Bau vorbereitet hatte. Man hatte sie nicht gefragt: »Dürfen wir hier hinbauen?« Und sie waren entsprechend verärgert.

Solche Geschichten könnte ich dir haufenweise erzählen.

Ist es heute auch noch so, dass jemand die Naturgeister darauf vorbereitet, wenn jemand baut?

Hier in der Schweiz ist das kein Thema. Man baut sogar auf alte Kriegsschauplätze und weiß der Teufel was. Unsinnig, völlig abstrus. Aber ich habe einen guten Kollegen aus Island, und der hat zu mir gesagt: »Es wird bei uns nichts gebaut, wenn man nicht vorher abklärt, ob die Naturwesen einverstanden sind. Nur dann funktioniert's. Wenn wir uns nicht daran halten, dann geht's schief.« Das glaube ich dem sofort.

Die Isländer haben ja, glaube ich, sogar einen Beauftragten dafür.

Ja, ein ganzes Ministerium.

Da kann man nun zwei Dinge sagen. Entweder: »Sind die alle verrückt da oben? Was haben die denn für Traditionen? Das ist doch ein Kostenaufwand, der sich nicht rechnet.« Oder: »Seit die das machen, haben sie keine Probleme mit Naturkatastrophen mehr.«

Das ist richtig. Es gibt übrigens in Bayern, glaube ich, einen Ort, wo jedes Jahr eine Prozession mit einem Riesenbaum stattfindet. Und da kamen auch Leute ins Dorf und haben gefragt: »Glaubt ihr denn überhaupt an das?« Und die älteren Leute haben alle gesagt: »Seit wir denken können, ist hier in diesem Dorf nie etwas Schlimmes passiert. In den Nachbardörfern schon. Und wir werden das deshalb weiter so pflegen.« Da sind wir dann wieder beim Modernen, wo die Leute lachen und sagen: »Wissenschaftlich macht das keinen Sinn.« Aber sie haben halt gar nichts begriffen. Denn wenn ich eine Schwingung in Bewegung setze, passiert doch irgendetwas. Und wenn ich etwas Positives aussende, muss ja etwas Positives daraus entstehen. Da muss man nicht lange forschen.

Regionen, wie hier am Engelsberg, wo Menschen schon seit Jahrhunderten mit der Natur leben, und die moderne Wissenschaft – das ist schon ein Spannungsverhältnis, oder?

Ja, ein gewaltiges.

Man müsste in dieser Natur, in dieser Bergwelt, in diesen Wäldern auch anders denken. Du sagst immer, man muss in die Langsamkeit kommen, oder? Auch vom Denken her, das Denken muss man aussetzen.

Das ist klar. Wenn du frei sein willst, musst du dich einfach nur hinsetzen und »sein«. Fertig. Das machen übrigens Tiere immer. Da sind wir weit hintendran. Mir haben mein Onkel und mein Vater immer wieder gezeigt, dass man sich während des Tages einfach mal hinsetzt, in der Natur draußen, und nichts tut, weder sprechen noch denken, noch irgendetwas, einfach im Augenblick sein. Und in dem Moment – und das kann nur ein Mensch begreifen, der so etwas selber macht – öffnest du dir das ganze Universum, da hast du plötzlich einen Zugang. Also das ist unglaublich. Plötzlich erkennst du wieder einen Zusammenhang, wie das oder jenes funktioniert. Oder du hast eine Idee, wie du ein Problem lösen kannst, an dem du vielleicht schon lange gearbeitet

hast. In dem Moment kommt so eine Erkenntnis einfach. Und bloß deshalb, weil du dir die Freiheit gibst, in dieses ganze Universum hineinzugehen.

Das ist ja das Verrückte, dass man heute wieder in die Natur stürmt, Berge bestürmt, ob das jetzt beim Nordic Walking ist oder beim Mountain Biking, völlig egal.

Man kommt dabei nicht in diese Ruhe. Man macht es als Bewegungsausgleich, weil man den ganzen Tag im Büro sitzt. Und dann versucht man, in dieses Schwingungsfeld hineinzukommen, in diese Nicht-Abstraktion.

Aber du kommst auf die Art nicht rein. Das geht gar nicht. Zum Glück gab's für mich auch die Bergstation auf 2500 Metern Höhe, wo ich im Winter Bereitschaftsdienst in der Bergrettung hatte. Es braucht ja Leute, die die armen Teufel retten, wenn sie einbrechen oder einen Unfall bauen. Und auf der Station gab es natürlich Momente, da war da oben kein Mensch. Da war ich ganz alleine. Und das sind so unglaubliche Momente, wo du draußen stehst und spürst, wie du mit der ganzen Welt verbunden bist, obwohl oder grad weil es weit und breit keinen Menschen gibt. Das ist unbeschreiblich. Oder auch am Abend, wenn der Lift abgestellt ist und du bist als Einziger noch da. Dieses Abendrot und diese absolute Ruhe, verstehst du? Da war dann einfach nichts, kein Geräusch, gar nichts. Das ist unfassbar. Aber natürlich muss man das zuerst entdecken.
Es kamen immer mal Leute, die sich bei uns auf der Alm eine Ferienwohnung gemietet haben. Einer war aus Karlsruhe, und der hat nach zwei Nächten gesagt: »Ich halte das nicht aus. Da hört man ja nichts.«
Ich habe gefragt: »Was hört man nicht?«
»Da ist kein Geräusch, man hat das Gefühl, man ist allein auf der Welt, das halte ich nicht aus.« Und er ist abgereist. Ich habe mir gedacht, wie weit die Menschen schon mutiert sind, wenn sie gar nicht mehr ohne Lärm sein können.

Dauerberieselung.

Ja! Furchtbar, weil man dann plötzlich Angst bekommt, man sei allein auf der Erde. Das wäre dann ja der Horror.

Wir wachsen auf mit unseren Fernsehgeräten und Audiogeräten. Jetzt haben wir die Smartphones, an denen wir ständig wischen. Das heißt, es gibt eigentlich keine Momente, wo der Geist zur Ruhe kommt, weil das Gehirn permanent am Rad dreht, um irgendwie Informationen abzugreifen, die es gar nicht verarbeiten kann. Dabei bekommt man die tatsächlichen Informationen erst in der Ruhe oder durch Meditation oder Yoga. Zum Glück spannen das die Leute langsam.

Ja natürlich, das ist das, was ich vorhin gesagt habe. Es ist so wichtig, dass wir wieder in diesen Moment des »Einfach-Sein« kommen. Das ist etwas, was wir ganz neu lernen müssen.

Es war doch ursprünglich Aufgabe der Kirche, uns wieder in Kontakt mit dem Sein zu bringen.

Wenn du betest, bleibst du ja nur in deinem Gehirn. Du bearbeitest es mit irgendwelchen Affirmationen. Das muss gar nichts bringen, weil das Gebet immer nur nach außen gerichtet ist. Es richtet sich ja nicht zu dir hin, wo du es wirklich spüren kannst. Und wenn du nicht bei dir bist, ja, was soll das? Von außen kommt nie etwas.

Aber dieses materialistische Weltbild, das wir propagieren seit 200 Jahren, behauptet ja, dass es nur das da draußen gibt. Das hat sich völlig umgekehrt. Es ist genau das Gegenteil von dem, was wirklich wahr ist. Man sagt: Nur im Draußen ist die tatsächliche Welt, und das Drinnen ist eine Illusion. Das finde ich ehrlich gesagt am interessantesten. Wenn man mit gesundem Menschenverstand darüber nachdenkt, muss man doch feststellen: Das kann doch gar nicht sein!

Weißt du, es ist schon verrückt. Der Mensch sucht ständig nach Glück, nach einer Verbesserung seiner Situation, trägt aber alles im Rucksack hinten am Buckel. Und es käme ihm nie in den Sinn, diesen Rucksack einmal zu öffnen und hineinzusehen.

Gehen wir noch mal zurück zu den Naturgeistern. Du lässt dich ja auf diese Natur ein, du bist hier in der Natur aufgewachsen, hast einen ganz tiefen Zugang zu dieser anderen, ich möchte fast schon sagen Realität. Das ist für die meisten Menschen Neuland. Woher kommen denn die Naturgeister, die in der Natur wohnen? Weißt du was darüber?

Naturgeister sind immer schon da gewesen. Sobald du Leben hast, ist auch irgendetwas dahinter. Leben entsteht ja nicht von selbst, sondern wird geboren aus dem Geist, der alles Leben erschafft, in jeder Form. Es ist egal, ob du Feuer hast oder Wolken, Berge, Steine oder eben Pflanzen. Das ist Leben, das zusammen existiert und das sich auch nicht vernichtet.
Das ist auch so verrückt. Man sagt im Garten: »Ich habe nur noch Unkraut.« Was heißt denn Unkraut? Das sind wahrscheinlich genau die Pflanzen, die du als Tee für deinen Körper bräuchtest. Da wachsen sie nämlich.

Allein das Wort »Unkraut« – als ob diese Pflanzen für die Natur nicht relevant wären.

Ja. Der Mensch unterscheidet zwischen dem, was brauchbar ist und was nicht.

Als ob wir das beurteilen könnten.

Genau. Dieses Werten ist eine Katastrophe. Wir legen ganze Äcker an mit identischen Pflanzensorten. Kannst du dir vorstellen, wie diese Schwingungen überhaupt nicht mehr stimmen? Das stimmt ja in keiner Art und Weise.

Wir haben Monokulturen ohne Ende. Wenn man da hineinfühlt, fühlt man nur den Schmerz der Natur.

Und dann diese einseitige Belastung der Böden. Die Natur macht das alles immer nur kleinflächig. Das wechselt immer. Ich habe auch schon bei Gärten gesagt: »Lasst das doch einfach wachsen. Das ergänzt sich, das gehört zusammen.« Gewisse Pflanzen, das weiß jeder Gärtner, kannst du nicht zusammen pflanzen. Die vernichten sich gegenseitig, weil sie nicht zusammen schwingen. Und andere gehören wiederum zusammen. Die Natur hat das natürlich sowieso im Griff.

Die Naturvölker haben das schon immer gewusst. Wir haben eingegriffen. Wir haben die Natur kultiviert, wir haben sie abstrahiert. Jetzt läuft sie nicht mehr rund. Und jetzt lernen wir wieder, wie die Dinge eigentlich zusammengehören, trauen uns aber nicht, die Natur sich selbst zu überlassen.

Natürlich. Weißt du, die Natur würde uns ja die Nahrung geben, wir müssen gar nichts tun. Aber unsere heutige Nahrung ist gar nicht mehr Nahrung, sondern nur noch Füllmaterial für den Bauch, alles, was in der Lebensmittelindustrie hergestellt werden kann.

Füllmaterial für den Bauch: Das würde ja bedeuten, dass man den Begriff »Nahrung« viel weiter fassen müsste. Nahrung ist nicht nur das, was du isst, sondern auch alles, was du erlebst, alles, was du tust.

Und Nahrung heißt Information. Wenn du eine Pflanze hast, die vernetzt mit der Ganzheit wächst, bekommst du natürlich die Information dieser Pflanze. Aber eine Gewächshaustomate, die nie Erde und Sonne gesehen hat, ist irgendwie künstlich. Da ist ein Lebewesen drin, das sehr, sehr lieb ist, darum bleibt es da und macht mit. Aber anstatt der Tomate könntest du genauso gut ein Stück Karton nehmen, würzen und essen, da hättest du genau die gleiche Schwingung wie bei der Tomate. Da ist nichts mehr drin, keine Information. Von wo soll sie denn auch herkommen? Es gibt sie gar nicht mehr.

Da würden jetzt natürlich die Biowissenschaftler oder Genetiker sagen: »Was ist das für ein Unfug? Da ist doch genau die gleiche Information enthalten wie bei der natürlich gewachsenen Tomate!«

Ja, aber das stimmt eben nicht. Der Körper ist ein Stück dieser Natur. Und jetzt sind wir wieder zurück am Anfang, wo ich sagte: Ich als Geist lebe in dieser Maschine namens Körper. Diese Maschine muss mit dieser Ganzheit hier zusammenarbeiten. Sonst hat sie ein Problem. Denn schon die erste Krankheit führt dazu, dass ich mich absondere, dass ich mich rausnehme und in dieses Leiden hineingehe, weil der Körper nicht mehr mit der Ganzheit verbunden ist und so gar nicht mehr funktionieren kann.

Wenn wir jetzt mal ein bisschen freveln, dann muss ich sagen, wir haben ja schließlich die moderne Medizin ...

Aber die Leute sind ja nicht gesünder! Verstehst du? Die Leute sind nicht gesünder, weil ihnen der Zugang zum Ganzen fehlt.

Du darfst eigentlich als Mensch dein Denken nicht dazu verwenden, um abstrakte Dinge zu machen. Du darfst eigentlich nicht so fürchterlich weit in die Natur eingreifen. Du müsstest in diesem natürlichen Rhythmus leben oder gar nicht. Das heißt eigentlich, bei dem Versuch, den die Menschheit seit 10 000 Jahren betreibt, sich weiterzuentwickeln, haben wir uns quasi abstrahiert. Wir haben uns von der Natur wegentwickelt, leben in künstlich geschaffenen Räumen mit künstlichen Böden, künstlichem Licht. Jetzt werden wir zwar älter, sind aber meistens krank. Wir sind aus der Schwingung raus, oder?

Ja. Und mit vielen Medikamenten kannst du diesen Körper am Leben erhalten. Aber was ist das für ein »Leben«? Ich glaube, der Mensch wird irgendwann wieder in ganz kleinen Populationen leben. Diejenigen, die noch nie von Zivilisation gehört haben, sind dann diejenigen, die überleben können.

Du denkst, es gibt einen Hoffnungsschimmer, dass tatsächlich eine kleine Population von Menschen, eine Handvoll, nicht ausstirbt? Denn es sind ja der Neandertaler, der Homo genesis, der Homo erectus und wie sie alle heißen, ausgestorben. Es hat eine Zeit gegeben, da gab es verschiedene Menschenarten gleichzeitig auf der Welt. Jetzt sind nur noch wir übrig. Glaubst du wirklich, dass wir das überleben?

Ja, weißt du, da müsstest du dann einen Schritt weitergehen. Die Intelligenz des ganzen Universums ist natürlich so, dass man die Erde immer wieder besiedeln kann. Ich glaube, dass du als Geist wieder hierherkommen kannst. So wie du weggehst, kannst du auch zurückkommen.

Ein Tag im Wald: Das Waldseminar

Im Folgenden lesen Sie leicht gekürzt Sam Hess' Vortrag und den Dialog mit den Teilnehmern seines Waldseminars in Niederbayern. Auch diesmal wurde sprachlich nur ein wenig eingegriffen, um den Lesefluss zu verbessern.

Sich einstimmen auf den Wald und seine Wesenheiten

Immer wenn ihr in den Wald kommt und euch einstimmen möchtet, stellt euch erst mal richtig hin, Beine etwa schulterbreit, dann lasst den Atem ein wenig fließen. Dabei könnt ihr schon diese Stimmung hier im Wald aufnehmen. Ihr könnt ein ganz feines Begrüßen feststellen. Auch jetzt lässt uns der Luftgeist schon spüren, dass er uns wahrgenommen hat. Er kommt von da oben zu uns runter und streicht uns ganz fein über die Haut. Auf diese Feinheiten kommt es an. Natürlich kann man darüber lachen, aber es ist ganz, ganz wichtig, dass man dieses Begrüßtwerden durch den Wind wahrnimmt.
Wir haben in der Schweiz Seminare gemacht, bei denen wir auch getanzt haben, und dabei haben die Geister mitgetanzt. Denn da ging ein intensiver Wind, und im nächsten Moment war es wieder totenstill. Solche Dinge erlebe ich ständig. Jetzt wollen wir mal diese Wesenheiten begrüßen. Dazu habe ich meine Zimbel dabei.

(Sam schlägt die Zimbel an und alle lauschen.)

Und nun spürt einmal in die Erde hinein, spürt, wie euer Körper fest auf ihr steht. Lasst jetzt in eurem Geist aus euren Füßen Wurzeln sprießen, die in den Boden gehen, und verankert euch in der Erde. Verbindet euch durch euren Körper mit ihr, denn der Körper ist ja ein Teil dieser Natur. Und nun begrüßen wir all die Wesenheiten, die hier leben, bedanken uns bei ihnen, dass wir hier arbeiten und mit ihnen zusammen sein dürfen.

Wir danken ihnen, dass sie uns individuell betreuen, lenken und uns spüren und fühlen lassen, was für jeden Einzelnen richtig und wichtig ist.
Fühlt Dankbarkeit gegenüber diesen Wesenheiten um uns herum, aber natürlich auch gegenüber den anderen, die uns die Früchte schenken, das Gemüse im Garten usw. Es gibt ja nichts, was nicht durch die Naturwesen hervorgebracht wird. Wenn wir keine Naturwesen hätten, hätten wir kein Leben hier auf der Erde. Und unser Körper braucht diese Nahrung, die von den Naturwesen erzeugt wird, unbedingt, nicht unser Geist.

Dazu muss ich jetzt noch ein bisschen was sagen: Ihr müsst begreifen, dass ihr Schöpfergötter seid. Und weil ihr Schöpfergötter euch als Menschen inkarniert habt, besitzt ihr einen irdischen Körper. Dieser Körper gehört der Erde. Darum geben wir ihn ja am Ende auch wieder zurück. Für eine Zeit sind wir hier, und in dieser Zeit lernen wir die Erde kennen, mehr oder weniger. Wir sind mit dieser Erde über unseren Körper verbunden. Mein Körper braucht Nahrung, nicht ich. Ich bin angebunden ans Universum, die Absolutheit. Aber mein Körper braucht Nahrung, mein Körper braucht diese Energie hier. Und über diesen Körper verbinde ich mich mit der Natur.

Jetzt komme ich mit meinem Körper in den Wald. Hier draußen herrscht eine ganz andere Stimmung, weil hier eine andere Zeit herrscht. Diese Wesenheiten hier denken nicht in Minuten und Sekunden. Darum ist es logisch, dass ich mich, sobald ich in den Wald hineinkomme, augenblicklich bewusst oder unbewusst in dieser anderen Welt wiederfinde. Das ist der Grund, warum immer wieder Menschen zu mir sagen: »Wenn ich in den Wald gehe, tut es mir

einfach gut.« Ja logisch, weil sie dann herunterfahren müssen. Sie müssen sich an die Zeit, die hier herrscht, mit dem Körper angleichen.
Wenn ihr euch nun vorstellt, dass diese Fichte, diese Buche oder Tanne schon Hunderte Jahre hier steht, dann sollten wir auch ein bisschen demütig werden. Das möchte ich euch in erster Linie mitgeben: eine große Dankbarkeit, eine große Demut, wenn ihr neben so einem Baum steht. Ihr spürt es ja schon, jetzt.

Wenn ihr länger ruhig an einem Fleck steht, habt ihr wahrscheinlich schon nach 10 bis 15 Minuten das Gefühl, dass ihr mal herumlaufen, euch bewegen und irgendetwas tun müsstet. Dann schaut ihr euch diesen Baum an, der da schon 150 Jahre steht. In dem Moment fangt ihr an, euch zu überlegen, was »sein« eigentlich heißt: 150 Jahre an einem Ort zu stehen und sich keinen Tag zu fragen: »Wie wird das Wetter morgen? Was gibt es heute zu essen? Wie ist es morgen und übermorgen?« Einfach nur sein. Ich möchte, dass ihr wieder zurückkommt in dieses Sein. Denn leben heißt, im Moment zu leben, immer im Moment, jetzt, präsent zu sein, nicht daran zu denken, was gestern war und was morgen kommt. Das interessiert doch niemanden. Was zählt, ist nur das Jetzt, der Augenblick.
Ich möchte, dass ihr heute bewusst diesen Tag lebt, jeden Moment davon. Wenn ihr etwas seht, etwas fühlt, etwas spürt, will ich, dass ihr das ganz bewusst macht. Damit das klappt, habe ich eine sehr schwere Aufgabe für euch: einen Tag lang nicht sprechen. So machen wir das auch bei mir zu Hause: Da gibt es mal für einen bestimmten Zeitraum keine Diskussion, keine Kommunikation, damit man wirklich ganz zur Ruhe findet. Genauso wie die Bäume. Und wir werden es überleben, einen Tag lang nicht zu sprechen. Das heißt natürlich nicht,

dass ihr keine Fragen stellen dürft. Aber lasst einfach mal diese ganzen Diskussionen, das ganze Plaudern, das sowieso unnötig ist, lasst das einfach mal weg. Wir möchten heute wirklich nur fühlen, spüren, hören, sein.
Ich habe dafür gesorgt, dass wir heute einen schönen Tag haben. Das ist auch etwas, das man mit den Naturgeistern absprechen kann. Das ist jetzt mein 15. Seminar in diesem Sommer, und wir haben ein einziges Mal eine halbe Stunde Regen gehabt. Doch diese Gruppe brauchte das dringend, um zu spüren, dass sie in der Natur ist.

Ich möchte euch generell noch etwas sagen: Natürlich kann ich in irgendwelcher Kleidung in den Wald gehen. Aber wir sind in der Natur, und unser Körper muss sich deshalb anpassen. Hier gibt es Brombeeren, Dornen, Äste, Steine, Unebenheiten. Da seid ihr sehr gut beraten, wenn ihr euch entsprechend mit trittsicheren Schuhen und geschlossener Kleidung ausrüstet, vor allem wegen der Zecken. Für mich sind alle Wesenheiten Freunde, aber ich habe auch immer wieder in meinen langjährigen Arbeiten erfahren müssen, was es heißt, wenn jemand Borreliose bekommt. Und das ist nicht lustig. Hier kann man mit richtiger Kleidung vorbeugen. Und wo sind die Zecken überwiegend? An den Wegrändern, wo das Gras reinwächst, und dann natürlich in Laubholzwäldern.
Also, wichtig ist, dass ihr euch richtig ausrüstet, aber auch, dass ihr hinterher euren Körper genau anschaut. Wenn ich nach Hause komme, überprüfe ich immer sofort, ob ich irgendwo eine Zecke habe. Ansonsten spüre ich sie spätestens dann, wenn sie zu greifen beginnt, denn das ist so ein bestimmtes Krabbeln, das ich sofort erkenne, weil ich jahrzehntelang im Wald war und Hunderte von Zecken an meinem Körper gehabt habe. Das ist an sich kein Problem.

Dann muss ich sie eben entfernen. Ihr kennt ja die Zecken. Der Kopf der Zecke bohrt sich in die Haut, weil sie das Blut erreichen will. Wenn ihr also eine Zecke habt, dürft ihr sie nicht einfach am Hinterleib nehmen und herausreißen. Ihr müsst ganz vorsichtig ein bisschen an der Zecke drehen und sie dann langsam herausziehen. Der Kopf muss unbedingt mit raus, sonst kann es Entzündungen geben. Dann müsst ihr das Ganze halt ein wenig beobachten. Im schlimmsten Fall, wenn ein Hof entsteht mit farbigen Ringen, müsst ihr zum Arzt. Aber sonst macht kein großes Thema daraus. So schlimm ist das Ganze nicht. Aber das sollte eh Allgemeinwissen sein.

Kommen wir wieder zurück zu dieser ganz anderen Zeit, die hier im Wald herrscht. Aufgrund dieser ganz anderen Zeit fährt unser Körper automatisch runter. Wir treten in sie ein und können diese besonderen Schwingungen wahrnehmen. Und das möchten wir heute miteinander genießen. Naturgeister haben immer eine große Freude, wenn sie irgendwie Unterhaltung haben durch Musik oder Gesang. Ihr könnt eine Mundharmonika, eine Gitarre oder Flöte nehmen und einfach etwas spielen. Wir nutzen jetzt das Instrument, das wir immer dabeihaben, nämlich unsere Stimme. Also, wir singen zusammen ein ganz einfaches Lied. Das heißt: »So hoch wie ein Baum, so tief wie ein Baum, so bin auch ich.«

(Alle singen die Zeilen mehrere Male hintereinander.)

Das war herrlich, wunderschön. Noch etwas Übung und dann können wir auftreten. Vielen Dank. Das freut die Naturwesen. Denkt daran, dass sie nichts von euch wollen, sondern ihr etwas von ihnen wollt. Also, wir sind hier Gast und müssen uns in dieses System hineinbegeben. Das bedeutet, einfach geschehen lassen und nichts wollen. Man kann nicht hierherkommen und sagen: »Ich will.« Natürlich kann man das, aber die Naturwesen werden nicht auf einen hören. Also, lasst heute einfach alles geschehen.

Wie ein Naturwesen aussieht, kann man nicht erklären. Das hat jede Form, jede Nuance. Das kann ein Blatt sein, eine Wurzel, ein Stück Baumrinde etc. Das Interessante ist, dass das Wesen plötzlich erscheint, ihr es einen Moment lang sehen könnt, und dann ist es auch schon wieder verschwunden.

Bei den Naturgeistern unterscheide ich zwischen zwei Ebenen. Die Feen sind die nicht geflügelten Wesen, also die Erdgeister, die über der Erde, in der Erde, unter der Erde leben. Und dann gibt es die Elfen, die den Luftraum beherrschen und die Pflanzen. Außerdem haben wir Wassergeister, Feuergeister, Luftgeister, die den Elementen zugeordnet sind. Da gibt es noch viele Unterteilungen, ihr könnt euch ja mal schlaumachen. Es gibt sehr gute Bücher dazu. Ich werde selber über diese Naturgeister auch noch ein Buch schreiben.

Wie erkennt ihr diese Naturgeister jetzt? Indem ihr einfach ganz präsent seid und auf die günstigsten Zeiten achtet. Ganz früh am Morgen, wenn der Tag langsam anbricht, oder in der Abenddämmerung, wenn der Tag zu Ende geht, haben wir wunderbare Momente, wo diese Naturgeister sich sehr deutlich zeigen und ihre Tänze machen. So wie heute Morgen auch. Das war fantastisch schön. Das könnt ihr auf dem Wasser sehen, das könnt ihr auf den Feldern sehen und im Wald auch. Der Wald ist immer eine ganz andere Ebene. Und dieses ganzheitliche Sein hier drin, dieses Zusammenarbeiten, das ist etwas ganz Faszinierendes. Es gibt keine Zufälle. Das hat alles seinen Sinn. Man lebt zusammen, man ist füreinander da, man kommuniziert. Und das wollen wir uns bei einem Baum jetzt ein wenig genauer anschauen.

Wenn ihr Fragen habt, dürft ihr selbstverständlich Fragen stellen. Ansonsten bin ich froh, wenn ihr euch daran halten könnt, nicht zu sprechen.

Kleiner Naturkunde-Exkurs im Dialog mit den Teilnehmern

Was ist das für ein Baum oder respektive für ein Zapfen?

Teilnehmerin: Tanne?

Nein, Fichte. Ich will euch hier keinen großen Naturkundeunterricht geben. Trotzdem schadet es nicht, wenn ihr wisst, dass die Fichtenzapfen hier am Baum hängen und dass da kleine Samen mit ganz kleinen Flügelchen drin sind, die beizeiten rausschweben und später wieder zu jungen Bäumen werden. Im September öffnet sich der Zapfen, dann kommen die Samen raus. Im Laufe des Winters fällt der leere Zapfen runter.
Warum ist er jetzt wieder geschlossen? Weil es feucht ist. Versteht ihr, das ist wichtig. Wenn ihr mit euren Enkeln oder euren Kindern in den Wald geht, dann kommen solche Fragen: Warum gibt es Zapfen, die angefressen sind, und Zapfen, die nicht angefressen sind? Die Kinder, die sind unglaublich, und das ist wunderbar. Die wollen das alles wissen. Der hier hatte sich geöffnet und ist jetzt wieder geschlossen. Und er wird nicht von den Eichhörnchen oder Bodentieren gefressen, weil?

Teilnehmer: Weil er schon leer ist.

Genau, weil er leer ist, weil da kein Samen drin ist. Die Tiere wollen aber Samen und kein Holz. Jedenfalls fallen die Fichtenzapfen runter, und wir können sie dann zusammenlesen.
Und jetzt kommen wir zur Tanne, die hat ja auch Zapfen. Noch etwas: In der Regel hat ein Baum alle vier Jahre eine Mast. Nicht jedes Jahr, das wäre zu stressig. Im Frühjahr gibt es dann diesen wunderschönen Blütenstaub, wo alles gelb ist und man kaum noch aus den Augen rausschauen kann, wenn man im Wald ist. Tannen und Fichten sind sogenannte Einhäusler. Männliche

und weibliche Blüten sind auf dem gleichen Baum. Der Blütenstaub und die Frucht entstehen am Baum. Die Tanne hat also auch Zapfen. Die sehen ein bisschen anders aus als bei der Fichte. Tannenzapfen haben sehr viel Harz außen. Und sie hängen nicht am Baum, sondern stehen auf dem Ast. Jetzt kommen wir zur Mystik: Der große Waldgeist hat die Tanne zur Königin des Waldes erkoren. Sie ist die Herrscherin, die das Ganze organisiert, zusammenhält und überwacht. Und jede Königin muss eine Krone haben, sonst ist sie keine Königin. Also erhält sie oben alle vier Jahre eine wunderschöne Krone in Form dieser Zapfen. Wenn die Zapfen reif werden, öffnen sie sich auch. Aber anders als bei der Fichte, deren Zapfen die Samen abgeben und später als Ganzes abfallen, fallen bei der Tanne die einzelnen Schuppen der Zapfen inklusive der Samen ab. Nur das Gerippe bleibt am Baum stehen. Deshalb habt ihr auch noch nie einen Tannenzapfen vom Boden aufheben können.
Mystisch bedeutet das, dass die Tanne zwar eine Königin ist, aber auch Demut lernen muss, indem sie die Krone wieder verliert. Es geht also um Demut und das Wissen, dass alles vergänglich ist und man nichts behalten kann.
Tanne und Fichte, das sind unsere zwei Hauptarten in den Wäldern. Ihr jeweiliges Vorkommen ist von Höhe und Lage abhängig.
Dann möchte ich euch noch etwas zum Baum sagen: Hier außen ist die Rinde, diese Schutzhaut, die den Baum vor Nässe, Kälte und Insekten schützt. Dann wächst da Moos, das ist eine Symbiose. Manchmal gibt es auch Efeu, der sich hier irgendwo abstützt. Das ist eine wunderbare Pflanze, die man nie wegnehmen soll. Efeu bietet unseren einheimischen Tieren im Winter Unterschlupf. Dass er die Bäume kaputt macht, ist ein Märchen. Ein unglaubliches Märchen, das ich meinen Waldbesitzern als Förster fast nicht aus dem Kopf gebracht habe. Im Wald geht doch kein Baum kaputt, weil sich an ihm ein Efeu

hochrankt! Efeu wächst auch nicht ein. Der löst sich jedes Jahr wieder und lässt den Baum gedeihen. Er braucht ihn ja nur als Stütze.
Im Winter ist der Efeu sehr wichtig. Die Vögel, die nicht wegziehen, haben dort einen Unterschlupf. Wenn es minus 15 Grad hat und Schnee liegt, können die da drin noch leben.
Weiß jemand, was unter der Rinde des Baums ist?

Teilnehmer: Harz.

Harz ist eigentlich der Saft des Baumes. Aber was ist unter der Rinde für ein Teil?

Teilnehmer: Bast.

Genau. Dieser Bast ist die Saftleitung des Baumes. Also alles, was er an Nahrung und Wasser aufnimmt, läuft unmittelbar unter der Rinde hoch. Im Frühjahr, wenn die Blätter sprießen, kann man sein Ohr an den Baum legen und kann ein Rauschen hören.

Jetzt müsste ich noch fragen: Wie kommt denn dieser Saft hier aus der Erde 30 Meter in die Höhe? In unserem technischen Zeitalter würden die Kinder sofort fragen: Wo ist denn die Pumpe? Wie funktioniert das, dass der oberste Spitz noch Wasser hat, jede Nadel und jeder Ast?
Was haben wir da oben? Die Sonne. Und die Sonne erzeugt Wärme. Dadurch entsteht ein Sog. Unglaublich, oder? Und durch die Kapillarwirkung, das Engerwerden nach oben hin, entsteht Druck. Und somit steigt das Wasser nach oben. Wenn ihr euch vorstellt, dass dieser Baum hier an diesem Sommertag ca. 400 Liter Wasser braucht und seine Nachbarn auch noch Durst haben, dann schimpft ihr ab heute nie mehr, wenn es im Frühjahr viel regnet. Denn ihr könnt euch jetzt vorstellen, was abläuft, wenn es lange trocken bleibt.
Unsere Freunde, die Bäume, haben allerdings ein unglaubliches System. Sie können sich dem anpassen. Die überleben immer, außer bei

einer Weltuntergangstrockenheit. Aber im Frühjahr ist es trotzdem sehr wichtig, dass sehr viel Wasser in den Boden kommt. Dann sammelt sich dieses Wasser, wird gespeichert wie in einem Schwamm und ganz langsam abgegeben. Dann können die Bäume auf dieses Wasser zugreifen, und unser Brunnen – wir möchten ja auch noch Wasser haben – läuft dann immer schön.
Zurück zum Bast. Was wird jetzt aus dem Bast im Laufe des Sommers, gegen Herbst zu? Er wird zur neuen Rinde. Wenn ihr hier draußen steht und ich zeig euch diesen Baum hier, dann sagt ihr vielleicht: »Ja gut, ich merk mir jetzt, dass da Moos ist.« Wenn wir näher an eine Buche rangehen, seht ihr auch noch Flechten. Und das merkt ihr euch auch. Jetzt stellt euch vor, wir kommen nächstes Jahr wieder hierher und ihr sagt: »Ja genau, diesen Baum da habe ich letztes Jahr gesehen, da sind das Moos und die Flechten.« Falsch. Warum?

Teilnehmer: Weil der Baum bereits eine neue Rinde hat?

Genau, weil er eine neue Rinde hat. Und die ganzen Flechten und das ganze Moos haben sich angepasst. Ihr werdet kein Jahr den gleichen Baum sehen, weil sich die Rinde jedes Jahr erneuert. Und da sind wir jetzt wieder beim Menschen: Unsere Haut ist auch nicht ein Leben lang dieselbe. Wir verlieren jeden Tag zwei Billionen Partikel. Genau das passiert hier auch. Die ganze Zeit fallen hier Partikel zu Boden, und es bildet sich aus dem Bast eine neue Rinde. Und das jedes Jahr, sonst könnte ja der Baum gar nicht wachsen, sonst wäre er irgendwann einmal eingeengt.
Über die Jahre verändert sich auch die Rinde. Am Anfang ist sie ja glatt und fein, dann beginnt sie immer gröber zu werden. Nach dem Bast kommt die dritte Schicht, das sogenannte Kambium, das Bildungsgewebe. Das ist der Teil des Baumes, der in einem Jahr wächst. Daraus ergibt sich Holz, und der

Baum legt einen neuen Jahresring zu. Das werden wir jetzt zusammen anschauen. Dieser Baum hier, sagen wir jetzt mal, ist 90-jährig. Wie alt ist er zuoberst?

(Teilnehmer schauen ratlos.)

Er ist einjährig. Das begreifen viele nicht. Sie denken, wenn er 90 Jahre alt ist, ist er 90 Jahre. Nein, oben ist er einjährig.
Wenn ich hier einen verzinkten Nagel einschlage, der nicht verrostet, und ich hänge meine Jacke auf, was passiert, wenn ich in 25 Jahren wiederkomme? Wo sind meine Jacke und mein Nagel? Die sind dann im Holz drin. Ich werde nichts mehr davon sehen, gar nichts mehr. Dann fälle ich den Baum, spalte das Holz auf und meine Jacke kommt wieder zum Vorschein. Ihr glaubt gar nicht, was ich alles schon aus den Bäumen herausgeholt habe: Bajonette, verschiedene Gewehrkugeln, wenn Militär im Wald herumgeschossen hat, Isolatoren, Drähte und alles, was an den Bäumen hing und vergessen wurde. Wenn ihr ab heute in einem alten Schlosspark alte Bäume seht, durch die ein Treppengeländer mittendurch geht, dann wundert ihr euch vielleicht nicht mehr. Solche Dinge kommen oft vor.
Das ist interessant: Ich habe einen 120-jährigen Baum, aber er hat erst dieses Jahr diesen Trieb gemacht. Dieses bildende Teil, das Kambium, ist das, was in diesem Jahr dazuwächst. Unter dem Kambium ist das Splintholz. Es ist das noch nicht verholzte Holz. Das ist immer noch lebendig. Über das Splintholz kommt nun der Saft, den der Baum nicht braucht, als Glukose wieder runter in die Erde. Und hier unten ist ein riesiges Netz von Freunden, die unserem Baum dabei helfen, dass er seine Nahrung aufnehmen kann. Und das sind?

Teilnehmer: Pilze?

Genau, die Pilze. Es gibt Tausende von Kilometern Pilze im Waldboden. Die sind überall unter der

Erde. Wir sehen Pilze nie, nur die Fruchtkörper. Um an dieses Pilzgeflecht im Boden zu kommen, müssten wir graben. Die Pilze sind dafür verantwortlich, dass mein Baum hier essen kann. Die Pilze zerlegen ihm die Nahrung mundgerecht. Er kann sie dann aufnehmen und transportieren. Aus Dankbarkeit gibt er einen Teil wieder runter und füttert die Pilze. Hier seht ihr eine Ansammlung von jungen Bäumen. Sie stehen da wie Kinder bei der Mutter und wachsen langsam.

Die Natur hat eine unglaubliche Intelligenz. Man schaut zueinander, man sorgt füreinander.

Jede Pflanze hat einen Geist. Und dieser Baumgeist entfernt sich, wenn ich den Baum abschneide. Er geht wieder zurück in das Ganzheitliche. Mit einem Keimling wird er wieder einen neuen Baum beseelen und dann mit ihm zusammenleben. Diese Naturwesen, das ist eine andere Welt, eine in sich geschlossene Welt. Deshalb haben wir hier eine unglaubliche Bibliothek an Wissen, deren Größe wir gar nicht ermessen können. Denn diese Geistwesen sind seit Millionen von Jahren da. Seit es eine Natur gibt, sind sie da. Und sie bleiben da, sie gehen ja nicht weg. Wir Menschen sind dagegen nur als Gast auf die Erde gekommen, in einem Körper, den wir wieder abgeben – wir gehen wieder.

Teilnehmerin: Siehst du es so, dass es letztendlich ein Geist ist, so wie es ja auch nur ein Bewusstsein gibt?

Im Übergeordneten schon. Aber auf den Stufen hier unten arbeiten sie hierarchisch. Da hat jeder seine Aufgabe, und die bleibt bestehen. Es würde keiner Pflanze in den Sinn kommen zu sagen: »Das ist doch langweilig. Jetzt bin ich 500 Jahre so gewachsen, jetzt will ich es mal anders machen.« Versteht ihr? Das System würde nicht mehr funktionieren. Und da glaubt der Mensch, er könne in dieses System eingreifen und es verbessern. Etwas Blöderes gibt es gar nicht. Die

Pflanzen haben gelernt, dass es nur so funktioniert. Darum haben sie diese Überlebensstrategie. Und darum werden sie lange nach uns noch da sein. Sie werden so lange hier sein, wie es die Erde gibt. Und das ist etwas Wunderbares. Das behaupte ich. Da können die Wissenschaftler mich mal kreuz und quer. Es gibt keine Pflanzen auf der Erde, die aussterben, weil diese Bibliothek da ist. Aber es gibt Bedingungen, die nicht mehr passen. Darum verschwinden die Pflanzen, weil sie die für sie nötigen Bedingungen nicht mehr haben. Dann gehen sie halt für eine Zeit weg. Und irgendwo, wo es von den Umständen her wieder stimmt, stehen sie dann plötzlich wieder da. Und dabei hat sie doch niemand dort angepflanzt! Dieses Wissen, das ist eben der Übergeist. Das ist fantastisch.

Und darum mache ich mir überhaupt keine Sorgen, dass der Natur etwas passiert. Denn die Naturwesen sagen mir schon seit vielen Jahren: »Ihr arbeitet gegen euch, nicht gegen uns. Ihr müsstet wieder lernen, mit uns zusammenzuarbeiten. Wenn ihr das wieder tut, dann habt ihr eure Welt wieder.« Diese Naturwesen, die sind so etwas von lieb. Reine Liebe – sonst würden sie diesen ganzen Scheiß gar nicht mitmachen. Aber sie sagen auch: »Seid nicht erstaunt, wenn ihr ein Problem habt.«

Wenn ihr selber einen Garten zu Hause habt, sprecht doch mit den Pflanzen. Es ist etwas ganz Wichtiges, mit diesen Wesenheiten zu kommunizieren.

Diese Pflanzen rund um den Baum hier arbeiten alle zusammen. Die wissen alle genau, wie es den anderen geht. Sie sind füreinander da. Es gibt ja jetzt so viele junge Bäume, die gar nicht alle wachsen. Natürlich nicht, aber sie sind dazu da, einander zu helfen. Die einen werden zurückstehen, und die anderen werden weiterwachsen, und am Schluss bleibt noch einer übrig. Ein großer Baum. Dann haben wir auf 12 bis 15 Meter Fläche nur einen Baum. Und dann kommt der Mensch und sagt: »Da ist ja alles leer hier.« Ja, aber Moment mal, wenn doch die ganze Krone den Raum einnimmt? Die braucht ja Platz. Es gibt eine Faustregel für euch zu Hause: Die Krone ist immer in etwa so groß wie die Wurzel. Oder umgekehrt, die Wurzel sollte so groß sein wie die Krone. Ein Baum muss auch unten Platz haben. Und wenn er Platz hat, kann er sich entwickeln, sonst geht das nicht.

(Alle gehen weiter durch den Wald.)

Achtet mal auf die Lichtverhältnisse, die wechseln ja heute den ganzen Tag. Ihr habt da so wunderschöne Fenster, wo die Sonne gut reinscheint. Die Beleuchtung ist ja immer wieder anders, den ganzen Tag über. Das ist auch sehr schön. Deshalb möchte ich, dass ihr nicht miteinander schwatzt, sondern immer wieder auf diese Fenster schaut, die auf- und zugehen. Plötzlich ist die Sonne wieder da, und es gibt diese wunderschönen Schatten- und Lichtbilder.
Lasst einfach eurer Fantasie ein wenig freien Lauf. Das ist etwas, was wir verlernt haben: einfach etwas geschehen zu lassen. Wir analysieren immer und glauben dann sagen zu müssen: »Das kann doch gar nicht sein. Ich habe da irgendetwas gesehen, aber das kann es ja gar nicht geben. Das habe ich mir jetzt nur eingebildet.« Warum? Lasst das doch einfach so stehen. Wenn ihr eine Bewegung oder irgendetwas seht, geht dem nicht mit eurem physischen Auge nach, sondern lasst euer Drittes Auge sich öffnen, damit es das erkennen kann. Ich kann mit dem Dritten Auge rundum sehen. Was da hinten passiert, sehe ich genauso wie das, was vor mir ist. In der geistigen Welt, physisch nicht, das ist klar. Physisch kann ich auch nur nach vorne schauen. Aber ich darf nicht mit meinen physischen Augen einen Geist sehen wollen. Das geht nicht. Da braucht ihr diese Offenheit. Die möchte ich euch am Nachmittag näherbringen.

Die Baummeditation: Verbindung mit der Baumenergie

Teilnehmer: Stehen die Bäume auch in Beziehung zueinander?

Bäume haben sehr, sehr enge Beziehungen zueinander. Die Kombination Fichte-Buche oder Tanne-Buche gibt es sehr häufig. Kiefer-Buche passt auch. Die Kiefer ist ein Lichtbaum, die Buche ein Schattenbaum. Die Buche hat dann die Eigenart, sich sozusagen um die anderen zu kümmern.

Ich habe euch ja gesagt, wie der Baum aufgebaut ist. Innen im Baum haben wir den sogenannten Kern. Den kann man bei Laubholz sehr gut sehen, zum Beispiel bei Nussbaum oder bei der Eiche. Auch die Fichte hat einen Kern. Das sind die dunklen Teile. Die sind nicht mehr belebt. Und weil der Baum innen praktisch tot ist, kommt Fäulnis und greift ihn an. Dann wird er innen hohl. Insekten und Ameisen werden angezogen. Auch Spechte kommen und graben Löcher, dann die Siebenschläfer, die diese Höhlen benutzen. Der Baum hat in seiner Standfestigkeit natürlich Einbußen, wenn der Kern faul ist. Und dann kommt meine liebe Buche und sorgt dafür, dass er nicht umfällt. Sie hält ihn, umfasst und umschlingt ihn. So kann die Fichte stehen bleiben und all diesen Insekten und Lebewesen als Gastbaum dienen. Das sind wunderschöne Symbiosen. Die Buche heißt ja nicht umsonst »Mutter des Waldes«.

Für mich ist das ein »Baum-Tor«. Das heißt, um eine Baummeditation zu machen, würde ich mich zwischen diese beiden Bäume stellen. Ich kann mich mit dem Rücken an die Buche anlehnen oder an die Fichte. Wenn ich den mütterlichen Aspekt will, werde ich mit dem Bauch zur Buche stehen. Jetzt habe ich beide Bäume. Ihr müsst euch mal vorstellen, was das für eine Kraft ist. Hier kann ich ein paar Stunden meditieren und einfach sein. Vorher muss ich mich aber so hinstellen, dass ich auch lange in dieser Position verweilen kann. Schlimm ist, wenn mein Körper rebelliert und ich aus meiner Meditation herausgerissen werde.

Jetzt werden wir Kraft holen von einem Baum. Das möchte ich euch zeigen und euch Gelegenheit geben, selber eine solche Baummeditation zu machen.
Osten müsste jetzt links von mir sein, Westen rechts von mir, Süden vor mir, hinter mir Norden. Süden erkennt ihr daran, dass mittags dort die Sonne steht. Ihr könnt euch aber auch einen Kompass kaufen.
Ich habe in all den Jahren, die ich Waldseminare halte, Dutzende von Menschen getroffen, die durch die Bäume ihre Gesundheit wiedererhalten haben. Ich habe selber meinen Körper durch Höhen und Tiefen geführt und schlussendlich auch ganzheitliche Heilung erfahren.
Mein Hauptziel in meinen Waldseminaren ist, dass ich den Menschen zeige, wie man die Selbstheilung aktivieren kann über das System Wald. Es ist ja logisch: Wenn ich mich mit den größten der Pflanzen beschäftige, dann kann ich sehr einfach in diese Welt eintauchen. Und das ist etwas fantastisch Schönes.
Bei der Baummeditation geht es darum, in das System Wald einzugehen. Mein Körper soll einerseits die Schwingungsebenen dieser Baumenergie erfahren. Andererseits bleibt mein menschlicher Geist frei und kann dann die ganze andere Seite erleben. Das heißt, ich werde von diesen Naturwesen eingeladen, in ihre Welt zu kommen. Und dann passieren die verrücktesten Dinge.
Es ist wunderbar, dass in meinen Seminaren Menschen immer wieder diese Erfahrungen machen. Die sagen dann oft: »Ich kann das gar nicht glauben.« Und ich frage dann: »Warum vertraut ihr euch denn selbst nicht?« Es ist doch schlimm, wenn man etwas Tolles erlebt und hinterher zweifelt, ob es das wirklich gibt oder nicht.

Also man steht an einem Baum und wendet sich gen Osten, weil dies dem kosmischen Kreislauf entspricht. Die Sonne geht im Osten auf und im Westen wieder unter. In diesem kosmischen Kreislauf bewegt sich alles. Und jetzt denkt ihr vielleicht: »Aha! Die Moslems beten ja gegen Osten.« Aber was glaubt ihr, machen wir Christen denn? Seit Jahrhunderten beten auch wir gegen Osten. Wahrscheinlich habt ihr es nicht mal bemerkt. Schaut euch eure alten Kirchen an. Der Hochaltar steht im Osten. Der Priester und die Menschen, die in den Bänken sitzen, schauten einst gegen Osten. Das haben wir jahrhundertelang so gemacht. Das Wissen hat man aber heutzutage verloren und vergessen. Denn irgendwann kamen irgendwelche Idioten und sagten: »Das kann ja nicht sein, dass der Priester vom Volk wegschaut. Den muss man drehen.« Und jetzt schaut er gegen Westen und das Volk gegen Osten. Das ganze System stimmt nicht mehr, nur weil irgendjemand gemeint hat, man darf dem Priester nicht in den Rücken schauen. Doch hier ging es ja um eine magische Handlung. So machen wir unsere eigenen Systeme kaputt und merken es gar nicht.
Ich möchte, dass ihr das begreift: Wenn der Baum im Osten steht und ich mich mit dem Bauch Richtung Baum stelle, dann blicke ich nach Osten. Das ist wichtig. Ihr dürft euch nicht umdrehen und euch mit dem Rücken anlehnen, denn dann schaut ihr gegen Westen. Wenn ihr euch mit dem Rücken anlehnen wollt, müsst ihr euch auf die andere Seite des Baums stellen, sodass ihr gegen Osten schaut. Nur so bleibt ihr im kosmischen Reigen, dann seid ihr im Fluss der Energie.
Wenn ihr euer Bett zu Hause in Nord-Süd-Richtung stellt, dann wünsche ich euch eine gute Nacht. Zwischen den Polen herrscht so eine negative Kraft, da könnt ihr gar nicht schlafen. Besser ist es, wenn ihr mit dem Kopf nach Osten und

mit den Füßen nach Westen liegt, oder schlimmstenfalls umgekehrt. Das ist eine ganz wichtige Sache, weil ihr sonst zwischen Nord- und Südpol seid. Das ganze kosmische System hängt irgendwie zusammen. Das sind uralte Kräfte. Wir müssen uns mit unseren irdischen Körpern diesem System unterordnen, sonst haben wir ein Problem. Ich gehe sehr viel in Häuser und habe immer wieder festgestellt, dass das Schlafzimmer so klein ist, dass ich nicht einmal das Bett drehen kann. Kinder reagieren sehr stark auf diese Felder. Dreht man die Betten, ist der ganze Spuk vorbei.

Wenn ihr draußen zu einem Baum geht, müsst ihr unbedingt drauf achten, dass ihr euch im kosmischen Reigen befindet. Ihr müsst euren Körper richtig hinstellen. Wenn ich das mache, lehne ich mich an und bin dann für sechs bis sieben Stunden weg. Ich lass meinen Körper einfach da stehen. Dann komme ich irgendwann zurück und sage: »Schön, dass du noch da bist.«

Wenn ihr aber da steht und dauernd denkt: »Es müsste jetzt mal was passieren. Ich steh jetzt schon so lang da«, funktioniert gar nichts.

Ihr müsst euch mal vorstellen: Dieser Baum hat eine Aura, ein Kraftfeld, genau wie ihr selber. Jeder von euch hat ein solches Feld, wunderschön, das kann ich sehen. Dieser Baum hat ein sehr starkes Kraftfeld. Und jetzt kommt ihr mit eurem Kraftfeld in das Aurafeld des Baumes. Wenn da nichts passiert, dann stimmt etwas nicht. Es muss eine Verbindung geben. Das Kraftfeld des Baumes muss sich mit eurem in Übereinstimmung befinden. Die beiden Kraftfelder müssen sich angleichen.

Was ihr als Erstes erleben werdet: Ihr habt das Gefühl, der Baum umarmt euch. Er nimmt euch auf, oder ihr werdet vom Baum eingezogen. Darum ist es sehr, sehr wichtig, dass der Körper einfach so stehen bleibt. Dann kommt diese Reaktion:

Ihr werdet vielleicht Herzklopfen haben, Schwindel bekommen, ihr werdet Unwohlsein empfinden. Das ist alles möglich, muss aber nicht sein. Auf jeden Fall dürft ihr nicht von diesem Baum weggehen, denn eure Energie muss mit der Baumenergie eine Symbiose eingehen. Wenn ihr dann in eurem Wald einen bestimmten Baum gefunden habt, ist das eurer, zu dem geht ihr immer wieder. Dann habt ihr auch kein Problem, weil ihr einander kennt. Lasst jetzt einfach geschehen, was geschehen will. Überlasst es der Energie, was sie euch zeigen will. Ich hatte mal ein ganz verrücktes Erlebnis: Ich stand an einen Baum angelehnt und bin plötzlich unheimlich erschrocken, weil ich den Eindruck hatte, mit dem ganzen Baum umzufallen. Als ich wieder bei mir war, stand der Baum natürlich. In die Tiefe gehen, in den Baum gehen, oben in der Krone sitzen und runterschauen, das passiert alles. Stehen zu bleiben und einfach alles geschehen lassen ist sehr wichtig. Jetzt übt ihr das. Ich werde euch mit den Zimbeln wieder zurückrufen. Wenn ich läute, kommt ihr einfach hierher. Zu Hause könnt ihr natürlich so lange bleiben, wie ihr wollt. Es kann sein, dass ich zum Beispiel nur eine halbe Stunde brauche, und dann ist es gut. Es kann aber auch sein, dass ich fünf, sechs Stunden weg bin. Wenn ich die ganze Nacht bei meinem Baum bin, setze ich mich natürlich hin. Aber es ist sehr, sehr wichtig, versteht ihr, dass ihr euch mit der Energie des Baumes verbindet. Ihr müsst eine Einheit bilden. Ihr habt dann kein Zeitgefühl mehr. Euer Körper ist natürlich immer in dieser Welt, aber Euer Geist nicht. Für ihn existiert keine Zeit mehr. Dieses Zeitlose ist etwas Wunderschönes. Und diese wunderbare innere Ruhe könnt ihr euch selber geben.

Es ist ganz klar, dass ich nie, nie von einem Baum weggehe, ohne mich zu bedanken. Das ist das absolut Wichtigste. Ich begrüße den Wald ja

auch, und wenn ich wieder gehe, sage ich Auf Wiedersehen. Genauso gehe ich nie von einem Baum weg, ohne zu danken. Ihr könnt symbolisch einen Stein hinlegen, aber ich habe immer Reis bei mir oder Maiskörner, etwas, was die Natur erschafft.

Dann trete ich kurz ein wenig zurück und in großer Dankbarkeit für das, was ich hier erfahren habe, streue ich mein Geschenk aus. Das ist eine wichtige symbolische Handlung: Ich habe etwas bekommen, ich gebe etwas zurück.

Für mich ist das nicht irgendein Märchen oder Spiel. Wenn ich hier etwas auflösen kann zusammen mit dieser Energie, dann ist das ganzheitlich. Es ist nicht so, dass irgendetwas verschwindet, sondern es heilt ganzheitlich. Das ist meine ganzheitliche Lebensphilosophie. Versteht ihr, was ich meine? Zum Beispiel Schuppenflechte: Ihr erfahrt, warum das gekommen ist und was ihr daraus zu lernen habt. Es wird noch viel verrückter, aber darauf kommen wir am Nachmittag zurück. Jetzt möchte ich euch herzlich einladen, selber eine Baummeditation zu machen. Gebt euch 20 Minuten. Stellt euch irgendwo an einen Baum und probiert das mal aus. Wir sind ja alleine, und gefilmt wird jetzt wohl auch nicht mehr.

(Die Teilnehmer experimentieren mit der Baummeditation.)

Wie ist es euch ergangen? Ihr müsst nichts sagen, außer ihr wollt der Gruppe etwas mitteilen.

(Sam reicht den Redestab an eine Teilnehmerin.)

Teilnehmerin: Es war auf alle Fälle ein sehr bewegendes Erlebnis. Allein durch die Haltung, durch das Anlehnen, wurde der Brustkorb schon physisch geöffnet. Den Baum habe ich wirklich wie eine ganz liebevolle Mutter wahrgenommen, und dann war es ganz bewegend, zu schauen, was mir alles ins Auge gesprungen ist: kleines Getier oder kleine welke Blättchen. Ein paar haben sich bewegt, andere überhaupt nicht. Der kleine Mikrokosmos, ein sehr schönes Erlebnis.
Teilnehmerin: Ich musste erst in die Ruhe kommen, das dauerte bei mir ein bisschen. Und dann habe ich mir gedacht: »Oh, schon zu Ende!«

Ich habe euch heue Morgen schon gesagt, ihr werdet frieren. Nicht ihr, sondern eure Körper. Ich friere nie, aber mein Körper ist schon ein bisschen kühl. Man kann bei minus 15 Grad fünf, sechs Stunden dastehen, und der Körper ist wunderbar warm. Aber man muss sich dem System übergeben. Wenn ich Kälte empfinde, bin ich nicht im System. Habt ihr irgendwo einen Schmerz? Wenn ja, geht jetzt mit euren Gedanken dahin. Dadurch wird der sicher nicht weniger. Wenn ich ihn ignorieren kann und mich mit etwas anderem beschäftige, ist der Schmerz gar nicht mehr da. Darin steckt eine unglaubliche Kraft.
Ich habe am Anfang gesagt: »Diese

Schöpferkraft, unterschätzt die nicht.« Eine Disharmonie in eurem Körper könnt ihr auflösen, denn ihr habt sie erschaffen. Die kommt ja nicht von irgendwoher. Die ist euer eigenes Produkt. Ich kann also Schmerz ableiten, das funktioniert. Im Moment werde ich dann schmerzfrei sein. Danach muss ich aber die Ursache für den Schmerz suchen. Er kommt ja von irgendwas. Ich muss schauen, was ich mache, dass es so ist. Am Nachmittag werden wir das noch mal zusammen anschauen.

Eine Teilnehmerin erzählte mal: »Ich saß da oben auf dem Baum und habe eine Hütte und ein rotes Auto gesehen. Aber das kann doch nicht sein.«
Ich antwortete: »Warum sagst du, es kann nicht sein? Vertraust du dir nicht?«
»Nein, das ist ja verrückt! Stell dir vor, ich saß auf dem Baum!«
»Das kenn ich. Jetzt marschierst du mal den Hang hoch und schaust nach.«
Dann kam sie zurück und sagte: »Ja, diese Hütte habe ich gesehen, und das rote Auto auch. Aber das ist ja fast nicht möglich!«
Doch, es ist möglich, unser Geist ist ja frei. Das müsst ihr wieder lernen: Euer Geist ist frei. Ihr habt nur eine Bindung zu diesem Körper. Darum ist es so wichtig, dass ihr diese Verbindung mehr und mehr loslasst. Das ist eure große Aufgabe in der Praxis. Ich muss den Menschen immer wieder sagen: »Kommt von euren Körpern weg. Der Körper ist euer Werkzeug, ein sehr wichtiges, wertvolles Werkzeug, aber ihr seid nicht Körper.«
Als Geist hat man ja diese ganze Freiheit. Jetzt geht es darum, dass man seinen Körper hier unten parkt, damit das System arbeiten kann. Mit dem Geist sind wir frei. Schließlich werden wir von diesen Wesenheiten eingeladen, ihre Welt mit unserem Geist zu besuchen. Das ist das Highlight. Das ist das Absolute. Dann kommen wir

natürlich mit einem Riesenwissen zurück, weil sie uns etwas erzählen und mitgeben und unsere Kanäle öffnen. All das können wir auf den Körper anwenden. Das ist dann Selbstheilung.

Ihr seid logischerweise fixiert auf den Körper. Wir sind auf diese Erde gekommen und haben diesen Körper übernommen. Doch ihr werdet von den Eltern schon als Babys auf diese Stufe festgelegt. Du bist, ich bin, du hast, ich tue … Alles ist immer Körper. Wenn ihr aber nur Körper seid, ist euer Radius sehr, sehr klein. Wir sind sehr beschränkt hier auf der Erde. Diese ganzen anderen Sphären haben wir uns dann alle verbaut. Und dann komme ich und sage zu euch: »Ihr müsst lernen, diese andere Welt zu sehen.« Denn sie ist eigentlich immer da.

Wisst ihr, ich komme mit vielen Menschen zusammen. Einmal hatte ich mit einem Mann ein wundervolles Gespräch. Der ist Astronaut. Er hat gesagt: »Weißt du, Sam, eines Tages werden wir da draußen Leben entdecken.« Dann habe ich gesagt; »Ja wunderbar. Weißt du was? Es wäre schön, wenn ihr mal die sehen würdet, die neben euch stehen.« Dann hat er nichts mehr gesagt. Wir müssen nicht da draußen Leben entdecken, wir müssen unser eigenes Leben wiederentdecken. Damit ihr das begreift: Dieses ganze System der Naturwesen ist eine geschlossene Einheit. Darüber hinaus gibt es Geistwesen, wozu auch der Spuk mit Menschen zählt. Das ist eine andere Dimension. Das hat nichts mit Naturwesen zu tun. In der Natur hier gibt es keine schlechten Wesen. Manche Leute sagen, es gibt Unholde. Doch ein Kobold, der sich einen Scherz erlaubt mit mir, ist doch kein Unhold. Es ist eine Wesenheit, die Spaß hat, mich ein wenig zu necken. Das ist doch wunderschön. Dann laufe ich halt in die falsche Richtung, weil ich überzeugt bin, das sei die richtige, und merke irgendwann, dass ich am falschen Ort gelandet bin. Dann gehe ich halt zurück. Was ist jetzt groß passiert?

Bäume und Pflanzen für Haus und Garten

Hier haben wir einen Holunder. Es gibt roten und schwarzen. Der rote Holunder hat ein wunderschönes rotes Mark. Und der schwarze hat ein weißes Mark. Der rote ist stärker. Er hat hier eine Lichtung gefunden, denn er braucht viel Licht. Der Holunder ist eine absolute Heilpflanze, seine Beeren und Blüten haben heilende Wirkung. Doch es geht mir jetzt um das Mystische. Wie beim chinesischen Yin und Yang gibt es bei den Bäumen Solar- und Lunar-Bäume, also Sonnen- und Mondbäume. Diese haben eine unterschiedliche Energie und Ausstrahlung. Der Holunder ist ein spezieller Baum, der sowohl solare als auch lunare Energie hat, und er ist eine hundertprozentige Schutzpflanze. Das heißt, wenn ich einen Holunder beim Haus habe, am besten vor dem Haus, wo es viel Sonne und Licht für ihn gibt, nimmt er negative Energien aus der Umgebung in sein Holz auf. Blätter, Rinde und Beeren kann ich für Tee nutzen. Aber im Holz sind die negativen Energien gebunden.
Holunder wächst schnell, weshalb ihr vielleicht irgendwann euer Fenster nicht mehr öffnen könnt. Dann redet mit der Pflanze und sagt ihr, dass ihr sie ein bisschen schneiden müsst. Aber verbrennt dieses Holz nie in eurer Feuerstelle oder im Kamin oder sonst irgendwo. Einmal hat mir eine Frau erzählt, sie räuchere damit. Dann habe ich gesagt: »Um Gottes willen! Das ist das Ungeeignetste, was du machen kannst.« Man darf Holunder nicht verbrennen, denn alle negativen Energien, die in diesem Holz gespeichert sind, werden dabei wieder frei. Das heißt, ihr müsst die Holunderäste klein schneiden und sie danach unter den Strauch legen. Da lasst ihr sie dann verrotten. Wenn es zu viele sind, könnt ihr sie in den Kompost geben. Dann baut sich die negative Energie ab, sie geht zurück in die Erde. Und die Erde lässt aus allem wieder etwas Neues entstehen.

Darüber könnt ihr denken, was ihr wollt, ich sage: Unser Körper ist ein Stück Erde. Also gehört unser Körper, wenn wir tot sind, sicher nicht ins Feuer, sondern in die Erde, wie man das immer gemacht hat. Ein Körper wird beerdigt, man gibt ihn der Erde wieder. Und aus diesem Körper dürfen wieder neue Dinge entstehen. Alles, was hier verfault und verrottet, wird abgebaut und recycelt. Daraus entstehen dann wieder meine Bäume und alle diese Pflanzen, die hier sind. So ist das auch mit meinem Körper. Das ist eine ganz komische Sache, dass wir heute anfangen, unsere Körper zu verbrennen, anstatt sie zu beerdigen.

Im Garten habe ich außer dem Holunder vielleicht auch eine Erle, wenn sie Platz hat, aber ganz sicher die Haselnuss. Das ist eine wunderbare Pflanze, die Diesseits und Jenseits verbindet. Wenn ich mich darunterlege oder ihr Holz berühre, komme ich auch sehr gut in die Meditation. Ich arbeite in meiner Praxis nur mit Haselnussholz. Die Patienten bekommen immer zwei Haselnussstäbe in die Hände.
Weiterhin gehört der Wacholder in den Garten. Aber nicht irgendein Zierwacholder. Der ist eine Katastrophe, wegen dem haben wir den ganzen Gitterrost. Zierwacholder ist ein Träger dieser Obstkrankheit, aber nicht der einheimische Wacholder. Der macht auch unsere einheimischen Bäume nicht kaputt.
Dann braucht es noch den Weißdorn, eine Super-Pflanze, in der die Vestalinnen, also die Göttinnen der Feenwelt, gerne zu Hause sind, und eine Eibe. Das ist ein absoluter Lebensbaum. Man sagt von der Eibe, dass sie sogar Tote wieder zum Leben erwecken kann. Das ist natürlich philosophisch gemeint, aber ich kann euch das nachher noch erklären.
Wenn noch Platz ist, gehören auch die Erle und die Weide in euren Garten. Dann habt ihr alle Naturwesen herzlichst eingeladen und ein wunderbares Umfeld.

❦ ❦ ❦

Mit den Naturwesen habt ihr dann auch gleich Hausgeister, denn sie bleiben nicht nur im Garten, sondern kommen auch gern ins Haus. Ihr braucht euch nicht groß Gedanken zu machen, wenn es mal rumpelt. Das ist dann nicht die verstorbene Großmutter, sondern das sind Kobolde oder irgendwelche Wesen, die halt mal reinkommen und mit euch Scherze treiben. Es ist sehr wichtig, dass ihr sie herzlich einladet, bei euch zu Hause zu sein. Mein Onkel hatte eine Alp. Ihm war es heilig, dass man jeden Tag ein kleines Schälchen mit Milch vor die Tür gestellt hat. Er hat immer gesagt: »Das ist für unsere Naturgeister. Wir müssen ihnen Ehre erweisen. Dann schauen sie auf unser Vieh und auf uns, und wir haben einen guten Sommer.« Und es war jedes Jahr so. Wir hatten nie Pech. Auf den Nachbaralpen sind Kälber über die Felsen gestürzt, da hat der Blitz eine Kuh erschlagen, und eine andere ist krank geworden. Bei uns hingegen war nichts los. Dann hat man natürlich noch zu den Heiligen gebetet und Maria, Josef und Jesus eingeladen. Aber das ist eine andere Welt. Den Naturwesen hat man einfach Ehre erwiesen, symbolisch. Ob die Katze nachher die Milch getrunken hat, ist egal. Hauptsache, man hat das mental gemacht. Das war sehr, sehr wichtig, um denen zu zeigen: Ihr seid herzlich willkommen.

Ich hatte mal mit einer Frau Kontakt, die kam zu mir und sagte: »Weißt du, ich habe im Garten so wunderbare Erdgeister. Doch ich musste ihnen ihren gewohnten Platz wegnehmen, weil ich dort etwas hinbauen wollte. Als Dankeschön hab ich ihnen ein kleines Haus gebaut. Doch jetzt bin ich völlig ratlos, denn es kommen immer mehr Naturwesen von allen Seiten und wollen auch ein Haus.« Ich habe ihr geantwortet: »Das geht naturlich nicht, du kannst ja nicht allen Häuser bauen. Sag denen mal: ›Ihr, die ihr hier seid, seid meine, und für euch ist das Haus.‹«

Naturwesen können sehr eifersüchtig werden – so wie wir. Sie sind unser Spiegelbild. Aber in diesem Fall hat es funktioniert. Die Frau hat erzählt: »Ich musste einfach nur ganz energisch sagen: ›Ihr habt hier nichts zu tun, das ist das Reich meiner Erdmännchen und meiner Zwerge.‹« Wenn ihr so was zu den Naturwesen sagt, kann es sein, dass die zu euch ins Haus kommen und euch ein bisschen verulken. Dann kann es passieren, dass ihr mal die Brille nicht mehr findet oder irgendeinen Kugelschreiber, den ihr gerade noch in den Händen hattet. Seid ihnen deshalb nicht böse, sondern lacht darüber.
Die Pflanzen, die zu meinem Haus gehören, bilden eine wunderbare Symbiose. Das ist sehr, sehr wichtig. Ihr könnt dann natürlich noch Blumen dazutun, das ist klar. Das ist ja eure Sache. Ich denke, ihr wisst das selber: Wenn man mit Blumen spricht, gedeihen sie viel besser. In der Forschung hat man das längst herausgefunden. Man hat Pflanzen mit unterschiedlicher Musik beschallt. Die einen sind eingegangen, und die anderen haben richtig schön geblüht. Pflanzen sind beseelte Lebewesen. Also spreche ich mit diesen Pflanzen, mit diesen Geistern. Und hier draußen sowieso.

Teilnehmerin: Es kommen ja immer mehr andere Kulturen und Menschen zusammen. Es vermischt sich ja alles. Und so gibt es ja auch bei uns invasive Pflanzen.

Das sind die sogenannten Neophyten, Pflanzen, die von überall her einwandern. Die müssen wir nicht bekämpfen. Aber nicht, dass du dir explizit solche Dinge in den Garten setzt. Wenn sie schon da sind, ja gut.
Wir haben zum Beispiel den Japanischen Knöterich bei uns. Der vermehrt sich wie verrückt in der ganzen Schweiz. Überall hat er seine Standorte. Ich sag immer, diese Pflanzen muss man nicht

bekämpfen. Ihr bekämpft ja auch nicht die Leute, die kommen. Die muss man akzeptieren. Das ist kein Problem bei den Pflanzen, denn die machen das ja auch von selber. Natürlich kommen sie mit dem Güterwagen viel leichter zu uns. Beim Japanischen Knöterich hat man rausgefunden, dass man seine Wurzeln essen kann, dass diese sogar Hautkrebszellen vermindern.

(Sam und die Teilnehmer laufen ein Stück durch den Wald.)

Wir haben hier einen kleinen Platz, da wurde die Streu weggescharrt. Das ist ein Lagerplatz von Rehen. Die haben am Baum auch gleich ihre Spuren hinterlassen. Solche Plätze sind wichtig für euch, wenn ihr im Wald seid. Hirsche oder Rehe legen sich nicht auf Plätze, wo Verwerfungen sind. Wenn ich solch einen Platz finde, dann breite ich dort meine Wolldecke aus und leg mich hin. Da hab ich Ruhe. Die Tiere zeigen mir die Plätze, wo ich

meditieren kann. Hier ist noch ein Baum. Es ist eine Eibe. Ihr könnt das auch am Stamm schön sehen. Sie ist ein bisschen schräg, das ist typisch. Ihr müsst mal schauen, wie sie sich wehrt und einfach aufwärtswächst.
Eiben werden sehr alt. In Bayern gibt es einen Eibenwald. Wir haben uns aus der Schweiz mal auf den Weg gemacht in diesen Eibenwald. Dort gibt es zweieinhalbtausend Jahre alte Eiben.
Was bei der Eibe speziell ist: Es gibt eine weibliche und eine männliche. Die weibliche hat rote Beeren, die männliche hat gar keine. Also wenn ihr die im Garten stehen habt und keine Beeren dran sind, dann ist die nicht kaputt, sondern männlich.
Die Eibe ist sehr wetterbeständig und hart. In der Schweiz steht sie unter Schutz. Da Eiben sehr langsam wachsen, darf man keine mehr absägen, sonst gibt es bald keine mehr.
Die Eibe ist der Baum, der Tote zum Leben erweckt. Das heißt, unter der Eibe könnt ihr unglaubliche philosophische Gedankengänge entwickeln. Wenn ihr etwas wissen wollt oder wenn ihr nicht weiterkommt, dann setzt euch unter die Eibe, und dann kommen diese inspirierenden Gedanken.

Teilnehmerin: Kann man die Energien des Baumes im Zweig mitnehmen?

Im Zweig geht das nicht, denn da gehen dir die Devas weg. Aber überall gibt es diese kleinen Eiben. Ihr könnt sie kaufen und irgendwo hinpflanzen. Da habt ihr dann nicht das Problem, dass ihr in zehn Jahren einen Riesenbaum habt.

Nun zum Farn. Der Farn ist eine der ältesten Pflanzen der Erde. Auch in heilerischer Hinsicht ist der Farn eine wunderbare Pflanze. Mit ihm kann man Flöhe, Mäuse und Mücken vertreiben. Wenn euer Hund Flöhe hat, kauft nicht irgendein Mittel. Legt ihm ein bisschen

Farn in seine Hütte und er hat zwei Tage später nichts mehr. Der Farn ist eine wunderbare Abwehrpflanze. Darum birgt der Farn auch keine Zecken.

Wenn ihr ein bisschen räuchert, nehmt die Pflanzen, die geeignet sind, zum Beispiel Wacholder oder Mariengras. Es gibt zum Räuchern ganz verschiedene Pflanzen. In meiner Räucherkiste habe ich sechs Sorten, verschiedene Mixturen. Wenn ich in ein Haus komme, spüre ich die vorherrschende Energie und verwende dann die entsprechende Mixtur. Manchmal eine leichte, manchmal eine, die Freude macht, manchmal eine, die dunkle Energien auflöst usw., je nachdem, was ich da antreffe.

Es ist sehr, sehr tragisch, wenn die Menschen nicht mit den Bäumen zusammenleben. Da hatte ich mal ein Erlebnis, das hat mich sehr schockiert. 1983 war ich Förster im Mittelland. Da hatten wir die große Debatte wegen dem Waldsterben. Die Weißtannen haben uns dort große Sorgen gemacht. Es war sehr trocken, und sie sind so langsam eingegangen. Sie haben sich verfärbt und die Nadeln verloren. Die Bäume sahen sehr schlecht aus. Man hat die Debatte bis ins Bundeshaus gebracht.

Dann rief mich eine Frau an, Anfang November, und sagte: »Herr Hess, Sie müssen unbedingt zu mir kommen. Jetzt habe ich dieses Waldsterben auch im Garten.« Ich sagte: »Ja, ich komme vorbei.« Ein paar Tage später bin ich dann zu ihr gegangen. Ich habe sie gefragt, wie lange sie hier schon lebt. Sie sagte, sie sei hier aufgewachsen, es sei ihr Elternhaus.

»Darf ich fragen, wie alt Sie sind?«

»Ich bin jetzt 72.«

»Und jetzt haben Sie hier Baumsterben.«

»Schauen Sie, diese Bäume haben immer so schöne Nadeln gehabt. Jetzt haben sie keine Nadeln mehr.«

»Moment mal, Sie haben 72 Jahre hier gelebt und haben nicht gemerkt, dass die jedes Jahr die Nadeln verloren haben?«
»Die haben die nie verloren.«
»Das ist nicht wahr, im Winter hatten die nie Nadeln, 72 Jahre nie. Und Sie haben es nie bemerkt!«
Dann hat sie mich fast böse angeschaut: »Ich werde doch noch wissen, wie meine Bäume aussehen.«
»Darüber müssen wir gar nicht mehr diskutieren. Es ist eine Katastrophe, dass sie mit Bäumen so lange zusammenleben und nicht wissen, dass die im Winter die Nadeln verlieren. Rufen Sie mich im nächsten April wieder an. Wenn die dann keine Nadeln haben, können wir darüber diskutieren.«
Sie hat nie mehr angerufen. Ich bin natürlich die Bäume anschauen gegangen. Die waren wieder grün. Solche Dinge kann ich nicht begreifen.

Was für ein Baum stand und steht typischerweise bei den Bauernhöfen vor dem Haus? Wo setzte man sich drunter? Unter die Linde, die Sommerlinde. In der Schweiz kann ich euch Hunderte von Bauernhöfen zeigen mit einer Linde vor dem Bauernhaus. Man hat die Blüten der Linde genutzt. Man wusste, dass das ein sehr, sehr guter Baum ist zum Daruntersitzen, zum Sein. Man hat den Kinderwagen dahin gestellt, am Sonntag dort mit der Familie gegessen usw.
Und wo stand oder steht der Walnussbaum? Hinter dem Haus, meistens hinter dem Stall, in der Nähe vom Misthaufen. Warum? Weil man auch früher schon etwas gewusst hat: Der Walnussbaum ist ein ganz kräftiger, wunderbarer Baum, aber er braucht viel Energie. Also hat man ihn beim Stall platziert, wo er vom Mist ein bisschen ziehen konnte. Man hat gewusst, dass man unter dem Walnussbaum nicht sitzen darf. Denn er ist ein Krafträuber. Der Walnussbaum

ist der einzige Baum, den ihr auslassen müsst. Der hat eine ganz andere Energie. Das könnt ihr auch bei den Tieren beobachten: Wenn sie Schatten suchen und irgendwie können, dann gehen sie natürlich unter die Linde und nicht unter den Walnussbaum. Der Baum ist nicht schlecht, im Gegenteil, die Nuss ist etwas Wunderbares. Aber er ist nicht geeignet für unsere Energie. Darum hat man ihn vom Haus weggesetzt. Diese Dinge hat man immer schon gewusst.

Die Bucheckern kennt ihr ja, die Nüsse der Buche. Es ist verrückt: Heute interessiert es keinen Menschen mehr, ob da Nüsse auf der Buche sind. Während der Kriegsjahre war das eine Frucht, die man gerne gesammelt hat. Da hat man Mehl und Kaffee draus gemacht. Als die Lebensmittel rar waren, war das eine Nahrungsquelle. Die Nüsse kann man essen, die sind reich an Ölen. Und die Wildschweine freuen sich an den Eicheln.

Die Buche ist wirklich eine Mutter. Wenn ihr etwas Schweres habt, das ihr lösen müsst, wenn ihr möchtet, dass ihr ein bisschen mütterlich umsorgt werdet, dann geht zu diesem Baum.

Die Fichte steht für Leichtigkeit, die Tanne für Beständigkeit und Freude, die Eiche für Kraft und Beständigkeit usw. Der Apfelbaum ist ein sehr liebender, fröhlicher Baum, ebenso der Birnbaum. Sie sind sehr interessiert daran, dir zu helfen. Das tun sie auch mit ihren Früchten.

Eingehen in die Ganzheit

Hier ist ein Kreis, der wird umsäumt von Bäumen. Das ergibt eine unglaubliche Energie. Ich könnte mich ins Zentrum stellen, dann wird mir in kürzester Zeit schlecht. Dort sind die ganzen Energiewirbel. Ihr würdet dort wahrscheinlich alle einen Schwindel spüren und sagen, dass ihr so etwas wie eine Drehung erfahren habt und dann plötzlich nicht gewusst habt, ob ihr umfallt. Das Zentrum ist wie die Nabe eines Rades.
Der Kreis ist ein Elfen-Tanzplatz, und da sorgen die Naturgeister dafür, dass hier nichts wächst. Wenn die Bäume wegkommen, löst sich das auf. Dann suchen sich die Elfen einen neuen Tanzplatz. Wenn ihr hier raufschaut: Die Kronen decken das Ganze zu. Darunter wachsen Pflanzen nicht gern.
Von diesen Plätzen gibt es auch größere, wo die Sonne auch hinscheint und wo kleinere Bäume sind. Da haben mich die Waldbesitzer gefragt: »Was soll ich hier pflanzen?« Und ich habe gesagt: »Nichts.« Wenn sie fragten, warum nicht, sagte ich: »Weil da der Boden nicht gut ist.« Die einen glaubten mir das, die anderen haben gepflanzt, und alle Bäume sind wieder eingegangen. Dann haben sie mich frustriert angerufen und gefragt: »Warum sind die kaputtgegangen?« Dann habe ich gesagt: »Ich hab dir ja gesagt, du sollst nichts pflanzen.« Ich hätte denen doch nicht sagen können, dass das ein Elfenplatz ist und die dort keine Bäume wollen.
Ich sage euch, das ist so schön, wenn man mit der Natur zusammenarbeitet, wenn man ein Auge für sie hat. Das ist meine Stärke, ich sehe alles da draußen. Wenn ich einen Stamm sehe, weiß ich sofort, was das für ein Baum ist. Manchmal setzt man sich hin und ist einfach. Ich habe mich auch an solch einem Elfentanzplatz mal hingesetzt, wo ein Waldbesitzer gepflanzt hatte. Ich saß da eine halbe Stunde. Dann kam ein Rehbock und hat all die Pflanzen mit seinen Hörnern ausgegraben,

als ob er einen Auftrag gehabt hätte. Ich musste nur noch lachen. Der war fünf Meter neben mir und so verrückt nach diesen Pflanzen, der hat mich nicht bemerkt. Er hat hier gearbeitet und alles ausgeräumt, dann war da keine Pflanze mehr. Wahrscheinlich haben ihm die Elfen den Auftrag gegeben, all das zu entsorgen. Das ganze System arbeitet da zusammen.
Die Tiere haben eine hochsensible Art, diese Energien zu spüren. Ich habe auch festgestellt, mit Naturwesen haben Rehe kein Problem, die kennen sie. Aber wenn ein menschlicher Geist kam, haben sie die Lauscher aufgestellt und waren blitzartig weg. Im ersten Moment habe ich gedacht: Was hat die jetzt erschreckt? Dann habe ich diese Seele erkannt und mir gedacht: Ja, natürlich.

JNM: Die Tiere sehen die Geister?

Ja, meistens. Hunde und Katzen reagieren sehr stark. Mindestens nehmen sie ganz klar die Energie wahr und wissen, was das ist. Ich hab schon oft erlebt, dass sie Wände angebellt haben genau dort, wo ich auch etwas gesehen habe.

Die Buche ist ein wunderbarer Baum zum Meditieren. Wenn ihr längere Zeit dort seid, könnt ihr euch auch hinsetzen. Aber bitte nicht in Nord-Süd-Richtung, sondern probiert das in die richtige Richtung. Wenn ihr kürzer meditiert, bleibt stehen, damit ihr in der gleichen Energie seid wie der Baum. Sie fließt dann viel besser. Probiert es mal aus, steht erst mit dem Bauch zum Baum da und dann mit dem Rücken. Ihr werdet erkennen, dass ihr mit dem Rücken keine Nähe, kein Zu-Hause-Sein spürt.
Nicht erschrecken, wenn ihr vom Baumgeist mitgenommen werdet. Herzklopfen, Übelkeit, Schwindelgefühle – das gehört dazu. Bleibt erst recht an dem Baum stehen, denn jetzt passiert etwas. Nicht weggehen! Geschehen lassen und

nicht analysieren, das Hirn ausschalten, es muss nicht immer alles analysieren. Steht da und lasst einfach alles geschehen. Irgendwann kommt der Moment, wo ihr euch mit dem Baum verbindet. Das geht dann runter oder rauf, wie verrückt. Oder ihr seid plötzlich im Baum drin oder schaut aus einem Astloch heraus. Das ist unglaublich. Wenn ihr dann sagt: »Das kann nicht sein!«, seid ihr euch selber im Weg. Da sind wir wieder beim Hirn, das steht uns einfach immer im Weg. Das brauchen wir hier auf der Erde, aber sonst ist es für gar nichts gut. Das Überdimensionale können wir nicht mit unserer Ratio erfassen. Dazu müsst ihr in eure Ganzheit hinein. Ihr seid ja Schöpfergötter. Ihr seid aus einer höheren Energie. Aber wenn wir uns so in den Körper runterbeamen, dass wir nur noch Materie sind, haben wir keinen Radius mehr.

Wir drücken uns auch völlig falsch aus: »Ich habe Hunger.« Nein, ich habe keinen Hunger. Mein Körper hat Hunger, und ich werde ihm jetzt etwas zu essen geben. Ihr könnt jetzt gerne lachen, aber am Abend gehe ich nicht schlafen. Ich bringe meinen Körper zu Bett. Ich sage ihm: »Tschüss. Nun kannst du schlafen. Ich gehe jetzt, und am Morgen komme ich wieder.«

So bewirkt ihr in eurem Gehirn, dass ihr loslasst und euch nicht mehr auf euren Körper konzentriert. Und ihr kommt langsam dazu, zu erkennen: »Mein Körper ist ein wunderbares Produkt dieser Erde, aber ich bin nicht Körper. Ich bin reiner Schöpfergeist.« Dann könnt ihr euren Körper in die Richtung lenken, in die ihr ihn lenken wollt.

(Alle gehen ein Stück weiter und setzen sich.)

Am einfachsten ist es, wenn ich allein durch den Wald gehe. Dann kann ich nur mit mir selber schwatzen. Ich habe Ruhe und kann auch etwas erkennen. Die meisten Menschen können gar nicht mehr beobachten. Sie sehen gewisse Dinge nicht mehr. Das ist sehr schade. Die Aufmerksamkeit auf diese Natur zu richten ist bewusstes Leben. So lernt man wieder, zu sein. Ich habe euch gesagt, der Baum ist auch eine Art Körper. Und unser Körper und die Pflanze haben eine ganz starke Verbindung.

Pflanzen sind Lebewesen, aber sie leben nur halb inkarniert hier. Zur Hälfte sind sie ja immer in dieser Zwischenwelt, in die ihr zwar jetzt noch nicht hineinsehen könnt, aber bald. Pflanzen begleiten uns auch auf dem Weg in diese Anderswelt. Ob wir die Wesenheiten in ihr wahrnehmen oder nicht, sie sind einfach da. Es ist dummes Zeug zu sagen: »Weil ich es nicht sehe, gibt es das nicht.« Mit unseren physischen Augen können wir noch lange nicht alles erkennen.

Wenn ich einen Menschen vor mir habe, mich konzentriere und seine Aura anschaue, sehe ich zuerst die astrale Schicht. Das ist kein Problem. Das ist eine Hülle, die kann man sehr schnell sehen. Ich kann bei jedem Menschen sofort erkennen, wie er drauf ist. Aber das Mentale ist eine Schicht hinter dem Astralen. Um in diese Schicht zu blicken, muss man sich wirklich sehr konzentrieren. Und ich kann euch sagen, es gibt Farben, die den Menschen umhüllen, die gibt es auf der Erde gar nicht. Die kann man nicht beschreiben.

Naturwesen wahrzunehmen funktioniert ähnlich: Wenn ihr sie erkennen wollt, müsst ihr sie über euer Drittes Auge wahrnehmen. Das heißt, ihr müsst das physische Auge in einen Dämmerzustand bringen und euer Denken ausschalten, denn in dem Moment seid ihr einfach. Und plötzlich kippt das, und ihr könnt euer Drittes Auge aktivieren.

Dann läuft eventuell die Wurzel, die immer schön stillstand, darüber. Lasst das einfach geschehen, bleibt in dieser Wahrnehmung. Ihr könnt euer Drittes Auge zum Beispiel auf diesen Ahorn richten und ihr werdet etwas sehen. Diese Wesenheiten sind in jeder Form

denkbar, als Blatt, Wurzel oder als ein Stück Holz. Es kann sein, dass sie sich bewegen oder verändern. Bei den Luftgeistern, kommt ihr vielleicht ins Zittern. Die sind drei bis vier Meter hoch, und plötzlich stehen sie da und schauen gnädig runter.
Übrigens hat uns heute der Luftgeist immer ein bisschen begleitet. Das nehme ich wahr. Dieses Streicheln auf meiner Haut, das ist so etwas Schönes. Warum muss ich auf der Welt herumreisen? Sie kommt ja zu mir. Sie ist doch da. Ich habe sie immer überall.

Gut, das Blattgrün, das sogenannte Chlorophyll, das ist dem Blut sehr verwandt. Auf molekularer Ebene ist es sein exaktes Spiegelbild. Rot und Grün sind ja Komplementärfarben. Das heißt, Blut phosphoresziert grün und Chlorophyll phosphoresziert rot. Das Chlorophyll trägt den grünen Farbstoff, den ihr hier überall seht. Grün ist eine sehr beruhigende Farbe. Stellt euch vor, das wäre alles rot. Dann wären wir wahrscheinlich nicht mehr lange hier. Dieses Chlorophyll saugt das Licht der Sonne auf. Die Sonne ist lebenswichtig für das Wachstum, für alles. Jetzt wird das Chlorophyll dermaßen energiegeladen, dass es die Kraft hat, Wassermoleküle zu spalten und mit Kohlendioxid zu verbinden. Und so entsteht der Zucker, die Glukose. Eigentlich könnte ich mit Fug und Recht sagen, der Baum ist ein »Zuckerstock«, denn das Holz, und überhaupt alles, entsteht aus dem Zucker.
Die Glukose, diese Urspeise der Lebewesen, wird also durch das Chlorophyll produziert. Dabei wird ein Nebenprodukt freigesetzt, der Sauerstoff. Und unser rotes Blut nimmt den Sauerstoff wieder auf und transportiert ihn in die hinterste und letzte Zelle, damit wir leben können. Also haben wir hier über die Materie eine ganz direkte Verbindung mit der Pflanze.
Schaut euch die wunderschönen

Buchen da hinten an, die vielen Farben: Grün, Gelb, Rot und Braun. Wenn ihr mit euren Kindern oder Enkeln im Herbst in den Wald geht, fragen die: »Warum ist dieser Baum so bunt?« Dann sagt ihr wahrscheinlich: »Frag den Förster, der weiß das vielleicht.«
Wir können die Frage jetzt auch gleich beantworten: Diese Farben sind immer da. Bloß weil das Chlorophyll so stark ist, kann ich sie nicht sehen. Jetzt, wo sich das Chlorophyll langsam zurückzieht, kommen die Farben zum Vorschein. Doch da sind sie immer. Das ist das ganze Geheimnis. Und das ist Mystik: Es ist etwas da, was ich nicht sehen kann, weil das Chlorophyll es überdeckt. Beim Blut ist es ähnlich: Blut deckt alles zu, jede Farbe. Dann habt ihr keine Chance mehr, eine andere Farbe zu sehen. Genauso ist es mit dem Grün. Das ist wichtig zu wissen, damit man diesen jungen Menschlein etwas erzählen kann.

Vernetzt sein mit dem System

Kommen wir jetzt zur Baumheilkunde. Der Grundgedanke ist eigentlich so alt wie die Menschheit selbst. Die Praxis ist leider immer mehr verschwunden, weil den Menschen die Zeit und die Offenheit fehlt, sich ihr hinzugeben. Wenn ihr Heilung wollt, müsst ihr regelmäßig eine Meditation machen. Ich gehe jeden Tag eine Stunde, oft auch zwei, drei zu meinem Baum und lasse geschehen. Dann passiert ganzheitlich etwas, also nicht nur auf der Körperebene, sondern mit der ganzen Einheit, die ich bin. Der Baum heilt durch die Intelligenz, die er hat, durch das, was ihn wachsen lässt, durch die Individualität, die er ist.

Der Baum erzählt mir zunächst seine Geschichte. Ich sehe Gesichter, Farben in ihm, irgendetwas. Ich lerne die Sprache der Bäume wieder. Es ist meine Aufgabe, diese Ursprache, die mein Geist versteht, wieder zu lernen, und die Kommunikation. Dann ergibt sich plötzlich Zwiesprache mit dem Baum.

Die Quelle der heilenden Kraft liegt nicht im Baum und im System, sondern in euch. Aber die Kraft der Bäume, des Systems hier, öffnet euch eure Kanäle. Das ist der Trick. Ihr werdet Öffnung erfahren, damit ihr wieder in diese Ganzheit hineinkommt. Schlussendlich seid ihr euer eigener Heiler. Es geht nie etwas über fremde Energien. Das kann kein Arzt, kein Heiler, niemand. Dazu seid nur ihr selber in der Lage. Das heißt, ich heile die Leute nicht, die zu mir kommen. Ich öffne ihnen die Kanäle und sage ihnen, was sie tun können. Und dann können sie es tun oder auch lassen.

Ich selbst nutze dieses System, um meine eigenen Kanäle wiederherzustellen. Und damit löse ich etwas aus in mir, was ganzheitlich ist. Es ist nicht nur die Heilung des Körpers, sondern ich habe dann auch etwas begriffen. Zur Ganzheitlichkeit gehört eben auch die Lebensphilosophie, die dahintersteht.

Heilung geht über euch. Ihr seid in eurer Kraft genauso Heiler für den Baum wie der Baum Heiler für euch ist. Es ist unsere Aufgabe, der Natur wieder Heilung zu geben, so wie wir von ihr Heilung empfangen dürfen. Es ist ein Geben und Nehmen. Aber zuerst müsst ihr euch natürlich ins System einklinken. Weil ihr so weit aus allem draußen seid, habt ihr gar keinen Zugang zu dem System. Das ist euer Problem. Deswegen seid ihr hier.

Einmal kam ein Mann mit seiner Frau in ein Waldseminar und er sagte zu mir am Morgen: »Weißt du, Sam, mich interessiert eigentlich das Ganze nicht, aber meine Frau wollte nicht alleine herkommen. Jetzt bin ich halt auch da. Aber es ist interessant, und Wald gefällt mir irgendwie.« Dann hat er das Seminar mitgemacht, völlig rational denkend. Er konnte nicht viel anfangen mit der Baummeditation. Er hat sich hingesetzt und gesagt: »Ja weißt du, spüren, na ja …« Dann ging er wie alle anderen auch nach Hause. Zwei Jahre später ruft mich dieser Mann an und sagt: »Weißt du noch, ich war bei dir im Seminar! Ich war vor gut einem Jahr beim Arzt, und der hat mir die Hölle heißgemacht. Er hat gesagt, ich hätte Krebs und müsste operiert und bestrahlt werden und was weiß ich alles. Dann kamst du mir in den Sinn. Da ich schon pensioniert war, habe ich mir gedacht, was der Sam beim Seminar gesagt hat, da muss doch etwas dran sein.« Er ist völlig rational geblieben. Jeden Tag ist er nach der Diagnose in den Wald hinausgefahren zu seinem Baum. Als er mich anrief und mir die Geschichte erzählte, war er gerade im Spital. Ich fragte: »Bist du so schlecht dran?« Und er sagte: »Nein. Ich war gerade wieder zur Untersuchung beim Arzt, und der hat gesagt: ›Was haben Sie gemacht? Sie haben ja Blutwerte wie ein Kind.‹ Das hat mich umgehauen, dass du recht hattest.« Er war ein Jahr lang jeden Tag, auch im Winter, bei seinem Baum gestanden, und jedes Mal hatte er etwas erlebt.

Ich sagte: »Das hast du jetzt erreicht.«
Ob ihr an dem Baum steht oder an einem anderen, das ist egal. Darum ist der Wald wichtig. Wenn ihr einen Baum in einem Park aufsucht oder in einem Garten, hat dieser Baum eine Kraft in einem geschlossenen System. Aber er hat keine Vernetzung. Hier schon. Es spielt keine Rolle, an welchem Baum ihr in diesem Wald steht, der Baum wird dort, wo ihr steht, das Ganze organisieren. Alles, was ihr braucht, bekommt ihr an diesem einen Punkt. Das arteigene Prinzip hat diese Vernetzung, diese Kraft. Es ist verrückt. Am Anfang sind mir die Haare zu Berge gestanden, als ich das begriffen habe, was das für eine unglaubliche Kraft ist, in die ich mich nur hineinbegeben muss.
Mir ist auch klar geworden, jede Krankheit, die ich in meinem Körper erschaffe, kann ich auch wieder auflösen. Ich muss aber daran glauben, dass ich die Kraft dazu habe. Wenn ihr jeden Tag hier steht, kommt ihr in eurer Ganzheit einen großen Schritt weiter. Dass ihr dann viele Dinge auf der geistigen Ebene erfahrt sowie am Körper, das läuft dann nebenbei. Und dann kommt diese Krankheit nie mehr. Die ist aufgelöst. Ihr braucht sie ja nicht mehr.

Stellt euch einmal vor, was heute in den Schulzimmern für eine Energie herrscht, wenn jeder seinen Laptop vor sich hat! Und alles über WLAN. Super, oder?

Nepomuk Maier: Wir vernetzen uns gerade mit der Technik und nicht mehr mit der Natur.

Genau. Und dann haben wir Angst vor dem Ganzen da draußen. Das ist das Verrückteste, dass wir Angst haben vor unserer eigenen Natur. Da gibt es Ameisen, Käfer und Zecken. Und alle sind gefährlich. Da geht man doch nicht hin.
Ich weiß, ich bin ein Zyniker. Wenn mich die Leute fragen: »Kann man

diesen Pilz essen?«, sage ich: »Du kannst alle Pilze essen, aber manche nur einmal.« Was heißt denn Gift? Das eine verträgt man nicht, das andere schon. Das kann man ja lernen.

Man kann mit Pilzen auch Reisen unternehmen.

Klar. Aber du musst schauen, dass du wieder zurückkommst.

Oder mit Ayahuasca.

Ja, aber das ist sehr negativ. Ich habe immer wieder Leute, die aus Peru zurückkommen, wo sie vom Schamanen behandelt wurden. Da könnt ihr auch löffelweise Antidepressiva nehmen, das kommt aufs Gleiche raus. Am Ende landet ihr noch in irgendeiner Psychiatrie. Das ist Horror. Man sollte den Körper nicht belügen. Ich muss über meinen Geist gehen, dem brauche ich keine Drogen zu geben. Das ist dummes Zeug.
Es ist schon unglaublich. Wenn ein junges Zicklein auf die Welt kommt und man lässt das irgendwann auf die Weide raus, dann geht es in den Wald oder auf die Alm und weiß einfach, dass die eine Pflanze genießbar ist, die andere aber nicht. Das hat dem ja niemand beigebracht. Da staune ich immer wieder. Das Vieh und die Tiere wissen haargenau, was ihnen guttut, besonders die Ziegen. Die laufen den ganzen Tag herum und stehen nie still. Die sind ständig in Bewegung. Gewisse Pflanzen rühren sie nicht an, weil sie genau wissen, das ist nichts für sie.
Wir haben ein wunderbares Projekt gehabt in der Schweiz wegen dem Jakobskraut. Man musste das alles jäten und ausreißen. Denn man hat gesagt: »Wenn eine Kuh Jakobskraut erwischt, ist das tödlich für die!« Und dann komme ich nach Österreich über die Grenze, und dort auf einer Alm steht die ganze Weide voll Jakobskraut, und das Vieh frisst einfach die Pflanzen daneben. Also würden auch unsere Kühe in der Schweiz das Kraut

stehen lassen. Da muss ich leider sagen: Wie blöd ist eigentlich der Mensch? Glaubt er, dass er den Tieren beibringen muss, welche Pflanzen genießbar sind? Das haben die doch längst erkannt.

In Deutschland ist es übrigens gesetzlich erlaubt, jeden Wald zu betreten, es sei denn, er ist explizit ausgewiesen als Militärgelände oder so. Wenn ihr ein Feuer machen wollt, müsst ihr den Besitzer natürlich erst fragen, ob ihr das dürft. Der kann euch das erlauben. Ihr dürft auch die Früchte des Waldes ernten, ihr dürft Pilze sammeln, Bucheckern oder Beeren. Da kann der Waldeigentümer nicht sagen: »Das ist meine Beere, gib die her.« Wenn er sie will, muss er vor euch da sein. Aber ihr dürft keine Bäume fällen und kein Holz mitnehmen. Wie es mit Übernachten ist, weiß ich nicht, aber danach wird wahrscheinlich kein Hahn krähen.

Geht auch mal raus, wenn es regnet. Zieht einfach gute Kleidung an. Dann werdet ihr diesen Wald ganz anders erleben. Ich mache meine Seminare bei jeder Witterung. Es gibt trotzdem immer wieder Leute, die anrufen und fragen: »Führst du das durch?« Selbstverständlich. Ich habe noch nie ein Problem gehabt mit Regen.

Es gibt manchmal Gruppen, die brauchen auch Regen, damit sie erkennen können, dass man bei dem Wetter genauso gut draußen sein kann. Die positiven Rückmeldungen nach so einem Regentag im Wald sind unglaublich. Die Teilnehmer sagen dann: »Weißt du, diesen Tag werde ich nie vergessen. Es war so speziell im Regen draußen. Ich habe mir gar nicht vorstellen können, dass man das machen kann.« Eine Frau sagte: »Dass ich nass bin am Abend, das wusste ich am Morgen schon. Aber dass ich glücklich nach Hause geh, das wusste ich nicht.«

Selbstverständlich dürft ihr die Bäume auch umarmen. Aber es ist physikalisch so, dass ich nicht zwei Stunden lang die Arme um den Baum halten kann. Das wird nach 20 Minuten schon sehr mühsam. Was ihr könnt, ist, mit den Handflächen am Baum stehen. Dann wird der Körper langsam müde, die Hände sinken, und ich lasse auch die Knie den Baum berühren. Das spielt ja keine Rolle.
Niemand kann vier Stunden frei stehen. Da fällt der Körper um. Im Seminar habe ich schon x-mal erlebt, dass Leute einfach umgefallen sind. Die haben das nicht mal mitbekommen. Ich schaue dann kurz, ob alles in Ordnung ist, und lasse sie einfach weiter liegen. Wenn sie wieder aufwachen, fragen sie: »Warum liege ich hier am Boden?« Dann sage ich: »Dein Körper ist umgefallen. Das ist ja kein Problem, oder?« Das habe ich schon alles erlebt.
Leute sagen auch immer wieder: »Es hat da bei dem Baum nicht gepasst. Der wollte mich nicht, und ich musste wechseln.« So sind sie 20 Minuten herumgelaufen und hatten dann letztlich gar keine Meditation. Das ist Unsinn. Wenn ihr an einen Baum geht und dieser Baum will euch wirklich nicht, werdet ihr das energetisch spüren. Ihr werdet euch nicht wohlfühlen dort. Dann bedankt ihr euch und geht weiter zu einem anderen. Das kommt selten vor, aber es kann vorkommen.
Oder ihr steht am Baum, und es kommt eine Wespe. Die surrt die ganze Zeit und stört euch. Dann bedankt euch bei diesem Baum, denn das ist ein ganz wunderbares Zeichen: Hier nicht! Geht einfach zu einem anderen Baum. Dorthin wird keine Wespe mehr kommen. Ich habe längst gelernt, auf solche Feinheiten zu achten.
Ihr müsst euch mal vorstellen, ihr seid ein Schwingungsfeld und euer Schwingungsfeld sendet etwas aus. Darum ist es wichtig, mit diesen Schwingungsfeldern hier eine

Einheit zu bilden. Ich hatte noch nie die Idee, eine Wespe zu vertreiben. Wenn sie kommt, soll sie schauen, wer ich bin, und dann geht sie wieder. Aber am Baum ist sie ein Zeichen, dass der Baum mich da nicht will. Dann sendet er indirekt eine Antwort durch das System.

Nahrung und ihre Information

Ihr müsst euch vorstellen, euer Körper ist ein Energieschwingungsfeld, das mit der Erde kommuniziert. Er braucht Informationen von dieser Erde. Diese Information kann

ich aufnehmen durch die Nahrung, durch Essen. Nun könnt ihr euch denken, dass in künstlich erzeugtem Essen natürlich null Information für den Körper steckt. Eure Kräuter, euer Gemüse, wenn ihr das abschneidet, lebt das ja. Das ist ja nicht tot. Wenn ihr das so in euren Körper aufnehmt, dann bekommt er diese Information von der Erde, von diesem Kraut, dieser Frucht, diesem Gemüse. Das ist das Wichtigste, nicht die Nahrung als solche. Nahrung brauchen wir eigentlich sehr wenig, aber Information. Und es ist sehr, sehr wichtig, dass man dem Körper Dinge gibt, die er als Information brauchen kann.
Diese ganzen Gemüse in den Treibhäusern, die keinen Regen mehr sehen, keine Sonne, keinen Wind, wo sollen die Information hernehmen? Sie sind ja nicht mehr vernetzt mit dem Ganzen. Das ist ein Problem. So machen wir unsere Nahrung kaputt. Was künstlich hergestellt ist, das hat gar keine Information mehr. Das ist dann nur zum Magenfüllen.

Teilnehmerin: Wie stehst du zu Fleisch? Ich bin fast Vegetarierin, aber so ab und zu habe ich einfach Lust darauf. Aber ich achte schon drauf, wo es herkommt. Was denkst du darüber?

Mir ist das an und für sich egal, ob ein Mensch Fleisch isst oder nicht. Ich bin seit über 30 Jahren Vegetarier. Ich brauche kein Fleisch, ich habe es als Kind schon nie gebraucht. Meine ganz persönliche Meinung ist, dass es unsinnig ist, ein Tier zu züchten, um es zu essen. Wenn ich ein Schwein hätte, das da draußen im Garten herumrennen kann, ein wunderschönes Leben hat, fünf bis sechs Jahre lang, dann ist es dem Schwein egal, ob ich am Schluss seinen Körper esse. Es hat ein Leben gehabt. Aber ein Schwein, das in drei Monaten aufgepäppelt wird wie ein Ballon, mit Antibiotika im Futter, hat kein Leben.
Jetzt sind wir wieder bei der Information, bei der Schwingung.

Wenn du einen Hirsch schießt, war dem ja vorher wohl im Wald. Und das Wohlsein ist auch in seinem Fleisch drin. Wenn du ein Tier isst, das gequält wurde, nie Tageslicht gesehen hat und dann noch diese ganze Tortur mit dem Transport und der Schlachtung auf sich nehmen musste, dann hast du auch die ganze Angst und das Leid als Information in deinem Körper. Das ist der Unterschied.

Du musst dir vorstellen: Tote Materie ist tot. Wenn du deinem Kaninchen den Kopf abschlägst, dann ist es tot. Wenn du dieses Kaninchen isst, hast du deinem Körper tote Materie gegeben. Du hast ihm zwar Aufbaustoffe verabreicht, aber die Information, die du dir zugeführt hast, ist »Tod«. Die ganz großen Fleischesser haben unglaubliche Angst vor dem Tod, weil sie den Tod immer wieder als Information übernehmen. Das macht ihr beim Gemüse und bei den Früchten natürlich nicht.

Viele Tiere werden heute explizit gezüchtet, um geschlachtet zu werden. Die ganzen Hühner heute, das ist eine Katastrophe. Da mag ich schon gar nicht mehr daran denken, Fleisch zu essen. Die große EU hat ja einiges im Griff, aber das wird sie nie in den Griff bekommen. Die kleine Schweiz auch nicht. Wir haben ganz klare, knallharte Gesetze in Bezug auf Transporte und wir haben ja kleine Distanzen im Verhältnis zu euch. Aber ein Bekannter von mir, ein Veterinär, hat öfter den Auftrag gehabt, bei den Schlachthäusern die Kontrolle zu machen, wenn die Tiere ankommen. Er hat gesagt, es ist immer wieder eine Fuhre mit toten Tieren dabei, weil die zu viele aufgeladen haben. Die Tiere werden so zusammengepfercht für diese kurze Distanz, das kann nicht wahr sein. Stellt euch vor, wie die leiden in ihren letzten Stunden. Niemand braucht mir zu erzählen, dass die nicht wissen, dass es zum Schlachthof geht.

Eine Frau, die ich kenne, hatte Schweine gezüchet. Da kam immer ein Kerl mit dem Elektroschocker, hat sich hinter die Schweine gestellt

und sie so auf den Lkw gejagt. Die haben gequietscht und gelärmt, das ist einem durch Mark und Bein gefahren. Dann hat die Frau irgendwann zu ihm gesagt: »Weißt du was, du verschwindest einfach! Ich lade die Tiere selber auf.« Sie hat mit denen gesprochen, die sind alle von selbst gekommen. Das ist dann wieder die Liebe der Tiere, wenn man schon weiß, dass man auf den Schlachthof muss, aber trotzdem geht.

Und dann diese Schweinereien in den Schlachthöfen. Gewisse Dinge werden dort nicht richtig gereinigt. Der Schussapparat wird durch computergesteuerte Sensoren gesteuert. Immer, wenn der Kopf des Schweins kommt, wird geschossen. Wenn die Sensoren verdreckt sind, wird der Schuss zu spät ausgelöst und geht in den Hals oder in den Körper des Tieres hinein. Das Schwein kommt dann lebend vorne an. Dort steht ein Mann und schlägt mit dem Holzhammer das Schwein tot. Das ist eine Katastrophe. Entscheidet also selber, ob ihr Fleisch essen wollt.

Vom Umgang mit Naturgeistern

Ich kann euch noch kurz etwas über die Naturgeister sagen. In meinem Heft hier sind auch Fotos, die ich gemacht habe. Damit zeige ich den Menschen, wie diese Wesen aussehen können. Man muss einfach die Fantasie walten lassen, dann hat man wunderschöne Bilder. Es geht darum, erst einmal einzusteigen mit dem physischen Auge, etwas zu erkennen und zu sagen: »Das ist ja so wie …« Ich muss mich ja an irgendetwas halten. Also sieht das zum Beispiel so ähnlich wie ein Elefant aus. Das sind so wunderschöne Sachen, die man draußen im Wald entdecken kann, in den Wurzeln, in den Rinden. Man muss wieder zurück in die kindliche Fantasie, das einfach mal geschehen lassen und es annehmen als eine Tatsache. So könnt ihr euch langsam vorbereiten, euer Drittes Auge wieder umzustimmen auf andere Ebenen.

Unsere Vorfahren wussten genau, dass es um uns herum nichtmenschliche Wesen gibt. Sie gaben ihnen viele Namen: Wichte, Heinzelmännchen, Kobolde, Trolle, Irrlichter, Zwerge und Elfen. Schamanisch Praktizierende als Wanderer zwischen den Welten begegnen diesen Geistern früher oder später und lernen sie kennen. In der Dämmerung und bei Nebel können Geister gut wahrgenommen werden. Auch in bestimmten Nächten im Jahr ist die Grenze zur anderen Wirklichkeit sehr durchlässig, zum Beispiel in den Raunächten und in der Freinacht. Viele schöne Erlebnisse stehen dem bevor, der sich mit diesen Geistern beschäftigt und ihre Nähe sucht.
Es gibt jedoch einige Regeln im Umgang mit diesen Wesen, die zu beachten sind, um es sich nicht mit den Geistern der Natur zu verscherzen und um sich vor ihren Streichen zu schützen.

Von mir lassen sich die Geistwesen natürlich wahrnehmen, sie können ja gar nicht anders, weil ich diesen Draht zu ihnen habe. Es gibt viele verschiedene Naturgeister. Die Pflanzengeister, die sogenannten Devas, sind zuständig für die Pflanze. Die Baumgeister leben explizit mit einem Baum zusammen. Dann gibt es Flussgeister, Luftgeister, Irrlichter, das sind die sogenannten Leuchthölzer, Elfen und Feen, Kobolde und Hausgeister.

Hausgeister sind gerne bei euch zu Hause. Mich rufen immer wieder Menschen an und sagen: »Es ist unglaublich, aber irgendetwas funktioniert gar nicht mehr. Ich habe die ganze Wäsche beim Glätten verbrannt.« Als Erstes vermuten sie einen Geist. Ich sage ihnen dann: »Das sind wahrscheinlich Naturgeister, die mit dir zusammen sein möchten. Sie zeigen dir, dass du einfach ein bisschen nett zu ihnen sein musst.« Und dann rate ich ihnen noch genau dasselbe, was ich euch heute gesagt habe: »Stellt symbolisch etwas hin. Sagt ihnen: Ihr seid willkommen, ihr dürft hier sein.« Und siehe da, wenn sie mich das nächste Mal anrufen, berichten sie, dass von dem Moment an Ruhe geherrscht hat, ja, dass ihnen sogar Dinge besser gelungen sind als vorher.

Naturgeister sind sehr oft alte Wesen. Sie waren schon lange vor uns da und werden uns überleben. Sie mit unseren ermüdenden Alltagsproblemen zu belästigen sollte vermieden werden. Menschen leben gerade mal ein paar Jahrzehnte. Manche Naturgeister haben seit Jahrhunderten keinen Kontakt mehr mit Menschen gehabt. Sie sind nicht gerade erpicht darauf, die persönlichen Probleme ihres neuen Kontaktes zu erfahren. Viel besser ist es, zuerst einmal freundlich zu sein und die Geister zu fragen, worüber sie mit uns sprechen

wollen. Sie laden uns dann gelegentlich ein, wenn sie aufgeschlossen sind, mit ihnen zu sprechen, was zu Heilung und guten Ergebnissen führen kann.
Scherze und Streiche gehören beim Geistervolk quasi zum guten Ton. Daher ist es falsch, ungehalten zu sein oder beleidigt darauf zu reagieren. Meist wollen dich die Geister nur auf deine eigenen Schwächen hinweisen.
Es ist immer gut, kleine Opfergaben für die Geister bereitzuhalten, zum Beispiel ein Schälchen Milch, ein paar Körner Getreide oder Kleingeld. Man kann auch eine Handvoll Mehl, etwas Alkohol oder Wasser in alle Richtungen zu Ehren der Geister verspritzen. Geisterorte wie Elfenringe dürft ihr niemals ohne Ehrerbietung und kleines Opfer betreten und ihr solltet sie dankend verlassen. Man muss wissen, um welche Kräfte es sich hier handelt, und den Geistern in großer Demut begegnen.

Was für euch noch wichtig ist: Es gibt sogenannte heilige Zeiten. Da sind wir wieder bei unseren alten Klöstern und unseren Mönchen, die Gebetszeiten eingeführt haben. Diese Gebetszeiten sind keine frei erfundene Sache, sondern man hat gewusst, dass in gewissen Zeiten Fenster aufgehen in die Jenseitswelt und man dann einen besseren Draht hat zu dieser Zwischenwelt. Die Morgendämmerung, wenn der neue Tag beginnt, ist absolut super zum Meditieren, oder die Abenddämmerung, wenn der Tag endet. Es mitzuerleben, wie es langsam Nacht wird, das ist so etwas Schönes. Ich war jahrelang in Seminaren mit Leuten einen Teil der Nacht draußen.
Auch der hohe Mittag ist eine heilige Zeit. Am Mittag ist unser Körper einfach müde. Man hat ihm etwas zu essen gegeben, und dann geht man natürlich nicht meditieren an einen Baum. Da legt man seinen Körper hin und lässt ihn schlafen. Die Mittagsruhe ist sehr wichtig. Das macht die Natur auch. Am Vormittag hört ihr das Surren und

Brummen, Käfer und Wespen schwirren herum. Und am Mittag ist Ruhe. Am Nachmittag beginnt das wieder bis etwa fünf Uhr, dann ist wieder Ruhe. Über Mittag hört ihr auch keine Vögel zwitschern.
Die heiligen Zeiten sind die sogenannten vier Kardinalpunkte: neun Uhr morgens (aber nicht nach der Sommerzeit), drei Uhr nachmittags, neun Uhr abends und drei Uhr in der Früh. Das sind heute noch in den Klöstern Gebetszeiten, weil die Mönche wissen, dass es da eine Öffnung gibt. Ich mache mir das auch zunutze, indem ich in dieser Zeit bei meinem Baum bin.

Bitte eines noch beachten: Wenn ihr auf die Toilette müsst, müsst ihr nicht meditieren. Ihr müsst dann dieses Geschäft erledigen. Manchmal ist es unglaublich, da steht jemand am Baum und sollte schon lange pieseln gehen.
Wenn ihr Hunger habt oder einen kalten Körper, ist es auch nicht die richtige Zeit zum Meditieren. Wenn ihr euch am Baum auf das Schlottern des Körpers konzentriert, dann geht gar nichts.
Auch muss euer Körper wirklich gut stehen, damit ihr ihn loslassen könnt. Wenn euer Bein wehtut oder euer Fuß einschläft, ist das sehr schlecht. Ihr gebt euch da hinein, seid einfach und lasst alles geschehen. Und geschehen lassen kann ich nur, wenn mich mein Körper nicht stört.

Stellt euch einmal auf, ich will euch noch etwas zeigen. Nehmt eure rechte Hand, dreht euch mit ausgestreckter Hand um, so weit es geht, und schaut der Hand nach, so weit, wie ihr kommt. Diesen Punkt müsst ihr fixieren. Dann nehmt die Hand wieder nach vorne. Schließt eure Augen und fahrt wieder mit ausgestreckter Hand nach hinten. Wenn ihr ganz hinten seid, wenn es nicht mehr weiter geht, öffnet eure Augen und schaut den Punkt an.

Was ist passiert? Das ist weiter als vorher. Nur die Augen zu schließen, was das ausmacht. Da könnt ihr sehen, was passiert, wenn ihr mit euren Gedanken kontrolliert und wenn ihr einfach geschehen lasst. Eine wunderschöne Übung.

Noch eine Quizfrage: Warum liegt hier ein Hirschgeweih?

Teilnehmerin: Weil der Hirsch es abgeworfen hat.

Aber warum? Weil er es nicht mehr braucht. Der Hirsch wirft dieses Geweih ab vor dem Winter, damit er im Gebüsch und Schnee nicht damit hängen bleibt. Jedes Jahr im Frühjahr wächst dem Hirsch ein neues Geweih, und jedes Jahr ein Ende mehr. Deshalb spricht man vom Vierender, Sechsender etc. Die Hirsche haben Rangkämpfe, dazu brauchen sie das Geweih. Da ist das Tier auch weit über dem Menschen: Wenn der Chef der Chef ist, ist er der Chef. Da wird nicht mehr nachgefragt.
Warum hat eine Kuh Hörner? Das ist der Gral, mit dem sie mit dem gesamten Universum kommunizieren kann. Jetzt nimmt man ihr diese Hörner weg. Wie soll die Kuh nun kommunizieren? Wenn der Mensch da kein Idiot ist, dann weiß ich auch nicht mehr. Das kann ich nicht begreifen. Das sind hochintelligente Tiere.
Jetzt sage ich euch noch etwas: Die Esche stirbt europaweit. Sie ist der empfindlichste und feinfühligste Baum, den es überhaupt gibt – als Art. Und sie ist der Baum, der sich am leichtesten vermehrt. Sie kommt überall vor, wächst auf vielen Böden. Sie hat sich überall wunderbar vermehrt. Man hat sogar geflucht, weil sie überall so massiv gewachsen ist. Die Esche, in der nordischen Mythologie »Yggdrasil«, der Weltenbaum, stirbt nun. Jetzt müssten wir langsam das Endzeitalter erkennen. Wenn die Esche als hochsensibler Waldbaum stirbt, kommen unsere Forscher und

sagen, dass Käfer und Pilze usw. schuld daran seien. Nein, das ist unsere Luft! Dieses hochsensible Gebilde verträgt unsere Luft nicht mehr und zeigt damit, dass es jetzt höchste Zeit wäre, umzudenken. Diese ganzen Strahlen, die ganze Luftverpestung usw., das trägt dieser Baum nicht mehr mit.

Ihr habt miterleben dürfen, dass der Zugang zu diesem Reich der Naturgeister eine ganz individuelle Sache ist. Das möchte ich euch noch mit auf den weiteren Lebensweg geben. Und jetzt möchte ich mich noch bei den Naturwesen bedanken, die uns heute den ganzen Tag begleitet haben.

(Verabschiedungsrunde)

»Die messbare Seite der Welt
ist nicht die Welt –
es ist nur die messbare Seite der Welt.«

MARTIN SEEL, PHILOSOPH

Nachwort

Mit Sam unterwegs zu sein ist anstrengend und fordernd. Denn seine Denk- und Handlungsmuster und die Art und Weise, wie er mit der Natur umgeht, sind oftmals anders, als wir es gewohnt sind. Zu tief stecken uns noch die 200 Jahre Aufklärung in den Knochen. Wenn wir etwas Unmögliches gesehen oder gehört haben, hat uns bisher niemand gesagt, dass es sich vielleicht um eine unbekannte Wahrheit handeln könnte. Und niemand hat uns dabei geholfen, das Erlebte als etwas Besonderes anzuerkennen und als Wahrheit einzufordern.
Trotz seiner alternativen Denk- und Handlungsweise hat Sam sich jedoch seine pragmatische Art bewahrt, vor allem wenn er als Berater für die Waldbesitzer arbeitet oder als Vermittler zwischen den Seinsdimensionen in Häuser geht, in denen es mächtig spukt.
Er ist mehr als ein Mittler zwischen den Welten, denn er zeigt auf, dass auch diese bisher für Märchen gehaltenen Wesenheiten genauso ihre Lebensberechtigung haben wie alles, was sonst noch mitwirkt am Ganzen.
Ob »gut« oder »schlecht« tatsächlich etwas ist, was existiert, ist letzten Endes eine Frage der Perspektive. Unsere Sprache kennt viele Bedeutungen und Ausdrucksformen, aber sie kann niemals auch nur im Ansatz das erfassen, was ist und in welcher Beziehung es zum Ganzen steht.

Niemand muss auf Kosten anderer leben. Die Harmonie und die Kooperation, die wir im Wald vorfinden, sollten für uns eine Anregung sein, wieder in die Harmonie mit der Natur zurückzufinden. Denn eines ist klar: Die Natur braucht uns nicht für ihr Sein. Klar, wir brauchen auch die Erde nicht, um als geistiges Wesen zu sein, aber im menschlichen Körper brauchen wir sie umso mehr.

Ich habe einige Bücher zum Thema »Elfen, Feen und Gnome« gelesen. Manche von diesen Büchern sind wahre Meisterwerke. Und die Menschen, die sich damit beschäftigen, haben mit Sicherheit eine besonders feinfühlige und einfühlende Art, sich der Natur zu nähern und mit ihr zu kommunizieren.

Ich hörte von den verschiedenen Reichen, in denen diese Wesen zu Hause sind: vom Erdenreich, Tierreich, Energiereich bis hin zum Feuer-, Pflanzen-, Luft- und Metallreich. Es gibt ganze Lexika, welche sich mit der Kategorisierung der Naturwesen befassen. Ich las von Elementarwesen, welche im Äther, in der Luft, im Wasser, in der Erde oder im Feuer zu Hause sind. Diese Devas, Sylphen, Undinen, Zwerge, Gnome und Dschinns bevölkern in hoher Zahl und in vielen verschiedenen Formen die Sphären hinter der sichtbaren Ebene. Jeder, der sich mit diesen nicht greifbaren Weltenebenen auseinandersetzt, hat wohl seine eigene, ganz private und individuelle Sicht auf diese verborgene Wahrheit und seine eigene »Realitätserfahrung«. Die vielen Wissenschaftsbereiche hingegen, sei es Physik, Biologie, Evolution oder Kosmologie, müssen die Tatsache, dass es zwei Seiten des Seins gibt, eine physische und eine seelische, erst entdecken und integrieren.

Immer wieder begegnen mir Eltern, die mir beweisen wollen, dass ihr Kind diese Naturwesen sehen kann. Ich erwidere nur, dass sie das nicht müssen und dass ich weiß, dass diese Sphären alle da sind. Ich kenne Gärtner, Ärzte, Psychologen, aber auch Philosophen, die mir anvertraut haben, dass sie von klein auf diese Wesen sehen und mit ihnen sprechen können. Sie trauen sich oft nicht einmal, mit ihren Partnern darüber zu reden. Als Kinder waren sie oft Außenseiter und taten sich schwer, mit den Moralvorstellungen unserer Gesellschaft. Ihre Empathie gegenüber der Natur und deren Wesen macht ihnen das Leben in einer modernen Ellenbogengesellschaft schwer. Wenn jeder nur an sich und seinen Vorteil denkt, ist Harmonie oft weit weg.

Ich kann seit einigen Jahren erkennen, dass vor allem jüngere Menschen und Kinder, die seit einigen Jahren geboren werden, ganz anders denken und handeln. Ihre Ausrichtung geht weg von dem materialistischen Denken, das uns permanent über die Kommunikationskanäle eingetrichtert wird. Und ich weiß, wovon ich spreche. Ich habe selber fast 30 Jahre lang Unternehmen geholfen, ihre Produkte zu verkaufen und an den Mann bzw. die Frau zu bringen. Und da waren viele darunter, die wirklich niemand braucht, die nur die Welt zumüllen. Von den Glaubenssätzen, dass man sich messen muss und dass nur der Bessere einen Job oder ein erfülltes bzw. besseres Leben haben wird, werden wir durch die Schulsysteme getrieben. Aber diese »neuen Kinder« wollen sich kein Haus mehr kaufen oder bauen. Sie möchten kein eigenes Auto oder fürs Alter vorsorgen. Diese neue Generation möchte sich diese einzigartige Erde ansehen und überlegen, wie sie ihr helfen kann. Eine neue Entdeckergeneration, die alles Bisherige infrage stellt – toll! Sie ist der Umsturz für unsere Globalisierung, nein, für unseren aus den Fugen geratenen Turbokapitalismus.

Ich habe Menschen kennengelernt, die liebevoll mit der Natur und ihrem Garten umgehen. Für sie sind die Naturwesen nicht nur ein Teil der Natur, sondern auch ein Zeichen dafür, dass der Mensch noch weit davon entfernt ist, die Mystik des Seins zu verstehen. Wir werden wieder lernen dürfen, diese Dinge nicht mit unserem Verstand begrei-

fen zu wollen, sondern mit unserer Intuition, mit unserem Herzen. Wir werden den Kampf ums Überleben aufgeben, damit wir eins werden mit dem Leben. Es gibt nur Lebendigkeit, doch unsere Wahrnehmung ist oftmals so begrenzt und unsere Arroganz so groß, dass wir meinen, ein Stein sei nur tote Materie.
Seit der Quantenphysik, seitdem viele Millionen Menschen über Nahtoderlebnisse, über ihre Kundalini-Erfahrungen und andere Transzendenz-Erlebnisse berichten, erkennen wir allmählich, dass es nichts gibt, was nicht wirkt, sich verändert und lebendig ist. Diese Blicke in eine andere Dimension zeigen, dass es keine Begrenzungen gibt, dass alles nur eine der möglichen Varianten ist, dem immerwährenden Schöpfungsakt Ausdruck zu verleihen. Lassen wir wieder zu, die Welt mit Kinderaugen zu erfahren, egal in welchem Alter wir uns gerade befinden, und verändern wir unsere begrenzenden Konditionierungen. Indigene Völker sind keine primitiven Eingeborenen, die es versäumt haben, sich auf dem Weg in die Zivilisation umzusehen. Sie haben sich eine Existenz und eine Ausdrucksmöglichkeit bewahrt, zu der wir wieder zurückfinden sollten, um unsere Art, die Spezies Mensch, aufrechterhalten zu können. Wir sollten aufgeben, der Logik den größten Platz in unserem Leben und in unserer Zivilisation einzuräumen. Wir brauchen die Anerkennung dieser anderen Seite der Existenz als Basis für neues Denken, Handeln und eine neue Ethik.
Niemand kann erklären, was Liebe ist, und dennoch weiß jeder sofort, um was es sich handelt, wenn es geschieht. Gedichte und Romane über die Liebe füllen ganze Bibliotheken, und dennoch sind dies alles nur Versuche, das Unbeschreibbare zu beschreiben. Es ist wie mit allem im Leben, das Sein ist nur erlebbar, aber nicht begreifbar. Und so möchte ich mit den Worten von Prof. Dr. Hans-Peter Dürr enden, der so treffend formulierte: »Wir erleben mehr, als wir begreifen.«

Nepomuk Maier